그린이 **노인경**
1980년 서울에서 태어났습니다. 대학에서 시각 디자인을 공부한 뒤, 이탈리아로 건너가 그림을 공부했습니다.
2000년 국제디지털아트페스티벌 우수상, 2002년 서울동화일러스트레이션 상을 받았습니다.
그림책 《기차와 물고기》를 쓰고 그렸고, 《내 방귀 실컷 먹어라 뿡야》 《세포》 《말썽부려 좋은 날》 등에 그림을 그렸습니다.

이어령의
춤추는
생각 학교 ❶
생각 깨우기

첫판 1쇄 펴낸날 2009년 1월 10일
39쇄 펴낸날 2025년 9월 30일

지은이 이어령   **그린이** 노인경
발행인 조한나
주니어 본부장 박창희
편집 박고은 정예림 강민영
디자인 전윤정 김혜은
마케팅 김인진 김은희
회계 양여진 김주연
인쇄 효성프린원   **제본** 정민문화사

펴낸곳 (주)도서출판 푸른숲
출판등록 2003년 12월 17일 제2003-000032호
주소 경기도 파주시 심학산로 10, 우편번호 10881
전화 031) 955-9010   **팩스** 031) 955-9009
이메일 psoopjr@prunsoop.co.kr   **인스타그램** @psoopjr
홈페이지 www.prunsoop.co.kr   **제조국** 대한민국

Text copyright ⓒ 이어령, 2009
Illustrations copyright ⓒ 노인경, 2009

ISBN 978-89-7184-622-3 74170
      978-89-7184-621-6 (세트)

* 잘못된 책은 구입하신 서점에서 바꾸어 드립니다.
* KC 마크는 이 제품이 공통안전기준에 적합하였음을 의미합니다.
* 던지거나 떨어뜨려 다치지 않도록 주의하세요.
* 이 책 내용의 전부 또는 일부를 재사용하려면 저작권자와 푸른숲주니어의 동의를 받아야 합니다.

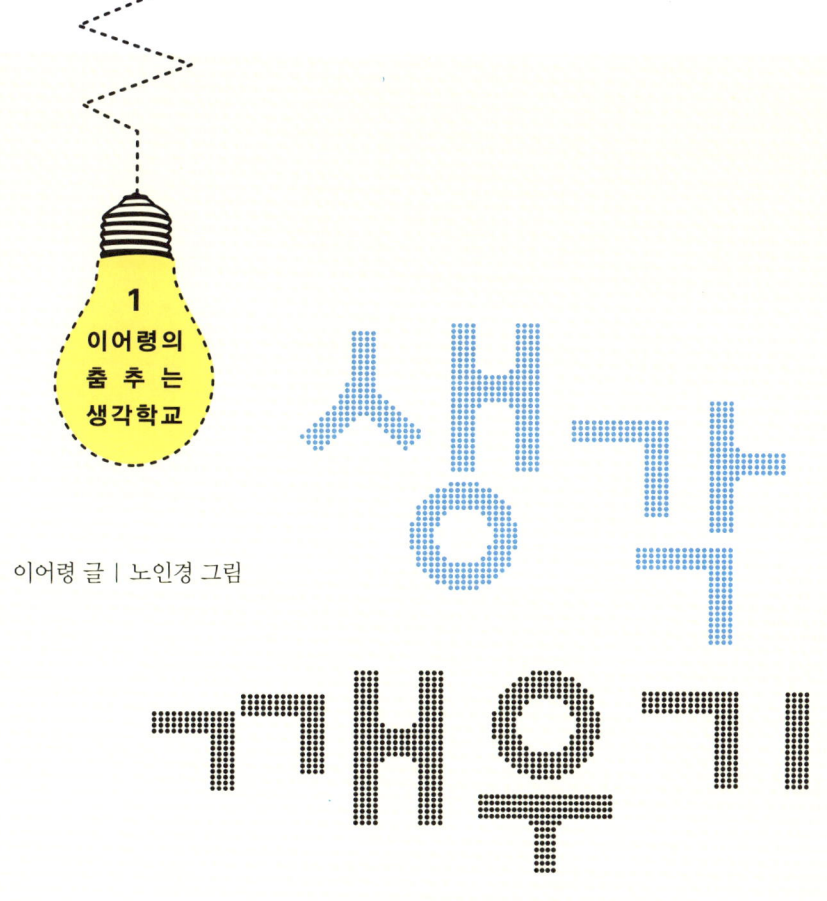

1
이어령의
춤 추 는
생각학교

생각
깨우기

이어령 글 | 노인경 그림

푸른숲주니어

글쓴이의 말

춤추는 생각 학교에 온 걸 환영한다!

이 책은 '나의 꿈, 나의 생각을 창조하는 마법의 춤 교실'이란다.

자유롭게 세상을 보려면
마음과 생각을 춤추게 해야 해.
걸음은 어떤 목적이 있어서 발을 옮기는 일이지만
춤은 즐겁고 신나서 몸이 저절로 움직이는 거야.

시험 기계란 말이 있잖아?
점수를 잘 받으려고 남이 가르쳐 준 대로
달달 외우기만 하면 재미도 없고
빠르게 변하는 세상을 따라갈 수도 없어.

생각을 춤추게 하라.
그리고 춤추듯 살아라.
삶은 즐겁고 아름다운 것이란다.

2009년 1월 이어령

| 차례 |

앞마당

생각을 생각하자 8

첫 번째 마당

생각에도 훈련이 필요하다

'그냥'이 아니라 '왜' 12
학교에서 선생님께 무엇을 질문했니? 18

두 번째 마당

호기심은 모든 생각의 씨앗

판도라는 왜 상자를 열었을까? 26
작은 호기심이 세상을 바꾼다 32

세 번째 마당

다르게 생각하고 싶다면 다르게 보기부터!

끈질기고 지독한 관찰자 다윈 40
살아 움직이는 세상을 그린
천재 화가 김홍도 46

네 번째 마당

생각을 그려라!

생각은 이미지로 만든 집 54
보이지 않는 것을
볼 수 있게 만드는 힘 60

다섯 번째 마당

생각의 꽃, 추리

왜 그렇게 되었을까? 68
명탐정이 되어 보자 74

여섯 번째 마당
생각의 틀을 깨면 새로운 세상이 보여
꽉 막힌 생각, 뻥 뚫린 생각 80
내 안의 고정관념을 부숴라 90

일곱 번째 마당
숨은 그림 찾기, 상징
'삼어도' 속에 담긴 조상들의 지혜 98
★은 이루어진다 104

여덟 번째 마당
행동이 생각을 이끈다
사람의 손과 발에는 뇌가 달려 있다? 112
말보다 행동이 앞서는 사람 118

뒷마당
내 방식대로 생각 키우기 122

책 속의 책
나의 작은 생각 사전 125

앞마당

생각을 생각하자

? — 이것이 뭐지? 그래, 물음표야. 가만히 들여다봐. 꼭 사람이 고개를 숙이고 무엇인가 골똘히 생각하고 있는 모양 같잖아. 턱에 손을 괴고 머리를 숙이고 앉아 있는 로댕의 〈생각하는 사람〉과도 비슷하게 생겼어. 짓궂은 녀석들은 벌거벗은 조각을 보고 '내 옷이 어디 갔나.' 생각하고 있는 중일 거라며 우스갯소리를 하기도 하지.

그러나 '생각하는 사람'은 틀림없이 더 깊고 중요한 생각을 하고 있을 거야. 석가모니처럼 '사람은 왜 태어나서 병들고 늙고 그러다가 죽는 걸까.'라거나, 뉴턴처럼 '왜 사과는 나무에서 땅으로 떨어지나.' 하는 생각을 하고 있는지도 몰라. 확실한 것은 그런 물음에서 종교가 생겨나고, 과학이 싹트고, 예술이 창조되었다는 점이야.

그래, 생각한다는 것은 그냥 스쳐 가는 것들에 대해서 끝없이 물음표를 붙이는 일이야. 물음표를 붙이면 지금까지 침묵하고 있던 것, 꼭꼭 숨어 있던 것들이 우리 앞에 나타난단다.

생각을 많이 한다는 게 꼭 공부를 열심히 해야 한다는 뜻은 아냐. 물론 공부를 잘하면 좋지. 하지만 선생님이 가르쳐 주는 것만 듣고 외우는 아이보다 스스로 생각해 보고 궁금한 것을 질문할 줄 아는 아이가 다음에 더 많은 것을 창조할 수 있어. 학교 다닐 때는 공부를 정말 못했지만 자기만의 방식으로 질문을 던지고 답을 구하던 아이가 훗날 이름 높은 과학자나 예술가가 되었다는 얘기는 너도 심심찮게 들어 봤을 거야. 그러니 네 머릿속에도 늘 물음표가 자리 잡고 있었으면 해.

한 가지 더, 머리로 생각하는 것만 가지고는 안 돼. 가슴으로 느낄 줄도 알아야지. 그것이 바로 물음표와 함께 따라다니는 느낌표야. '!' — 이 부호를 잘 보렴. 마치 사람이 깜짝 놀라 펄쩍 뛰어오르는 모습 같지 않니? 가슴을 펴고 등을 꼿꼿이 세운 느낌표의 충격과 감동! 물음의 끝에는 늘 이런 세계가 있지.

사실 물음표와 느낌표는 의문을 뜻하는 라틴어 QUESTIO와 감탄할 때 나오는 이오(IO)라는 소리를 줄여 만든 거야. 하지만 그 생김만으로도 우린 많은 생각을 떠올릴 수 있어.

우리는 물음표와 느낌표 사이를 시계추처럼 왔다 갔다 할 때마다 한 뼘씩 자라게 돼. 때로는 지루하고 때로는 끝이 보이지 않을지도 몰라. 하지만 물음표와 느낌표가 네 생각에 날개를 달아 줄 거라 믿어. 보다 높게, 보다 멀리, 그리고 보다 넓고 깊은 세상을 향하여 날아갈 수 있게 말이야. 가까이 오렴. 그리고 귀를 기울여 봐. 그 물음표와 느낌표가 무엇인지 이야기해 줄게.

'그냥'이 아니라 '왜'

자기 안에 물음표가 없어서 아무것도 묻지 못하는 사람은
건전지를 넣고 단추를 누르면 그냥 북을 쳐 대는 곰 인형과 다를 것이 없어.

할아버지를 생각하면 긴 수염이 떠오르기도 하지? 정말 그렇게 수염을 길게 기른 할아버지 한 분이 마을길을 걸어가고 있었단다. 그때 한 어린아이가 할아버지에게 다가왔어. 아이는 할아버지 가슴팍까지 내려온 하얗고 긴 수염을 신기한 눈으로 바라보았대. 그러고는 이렇게 물었지.

"할아버지! 할아버지는 주무실 때 그 수염을 이불 안에 넣나요, 아니면 꺼내 놓나요?"

할아버지는 "예끼! 이 버릇없는 놈." 하고 소리치려다가 문득 자기도 궁금해졌단다. 왜냐하면 수염을 기른 채 몇 십 년 동안이나 살아왔지만, 그때까지 한 번도 그런 궁금증을 지녀 본 적이 없었거든.

'허허, 그러고 보니 내가 정말 수염을 꺼내 놓고 잤나, 넣고 잤나?'

아무리 생각해 봐도 알쏭달쏭하기만 했지. 결국 할아버지는 난처한 얼굴을 하고는 아이에게 이렇게 말할 수밖에 없었단다.

"글쎄다. 허, 참. 이 녀석, 별걸 다 묻는구나. 정 궁금하면 말이다, 오늘 밤에 한번 자 보고 내일 아침에 가르쳐 주마."

할아버지는 집에 돌아오기가 무섭게 이부자리를 펴고 누웠지. 우선 이불 속에 수염을 넣고 말이야. 그런데 너무 갑갑하고 거북해서 아무래도 수염을 밖에 내놓고 자야 편할 것 같았어.

'옳지! 수염을 이불 밖으로 꺼내 놓고 잔 게 분명해!'

할아버지는 얼른 수염을 이불 밖으로 꺼내 놓고 눈을 감아 봤어. 그런데 불편한 건 마찬가지였어. 이불 밖으로 내놓은 수염 때문에 왠지 허전하고 썰렁한 느낌이 들어서 마음이 편하지 않았던 거야. 아무리 자려고 해도 잠을 이룰 수가 없었지.

수염을 이불로 덮으면 갑갑하고, 이불 밖으로 꺼내 놓으면 허전하고……. 할아버지는 밤새도록 수염을 넣었다 꺼냈다 하느라 한숨도 잘 수가 없었단다. 물론 할아버지는 다음 날 아침에 가르쳐 주겠노라고 했던 아이와의 약속도 지키지 못했지.

이상한 일 아니니? 분명 그건 할아버지 자신의 수염이고, 할아버지는 몇 십 년 동안 하루도 빼놓지 않고 잠을 잤는데 말이야. 그런데도 아이가 묻기 전까지 그 수염을 어떻게 하고 잤는지 기억할 수가 없었던 거야.

그렇다고 다른 사람에게 물어볼 수도 없는 노릇이었어. 물어본다고 한들 누가 가르쳐 줄 수도 없는 문제잖아. 정말 답답하고 기막힌 일이었지. 그 뒤로 할아버지는 밤마다 수염 때문에 편안하게 잠을 잘 수가 없었대.

재미있는 이야기라고 웃어넘길 일이 아니야. 가만히 생각해 보렴. 혹시 너에게도 그런 수염이 없는지 말이야. 아이들한테 무슨 수염이 있냐고? 아니야, 그렇지 않아. 너도 누가 질문을 할 때 가끔 "그냥."이라고 대답한 적이 있을 거야. 바로 그 '그냥'이라는 말이 너의 수염이란다. 아직도 잘 모르겠다고?

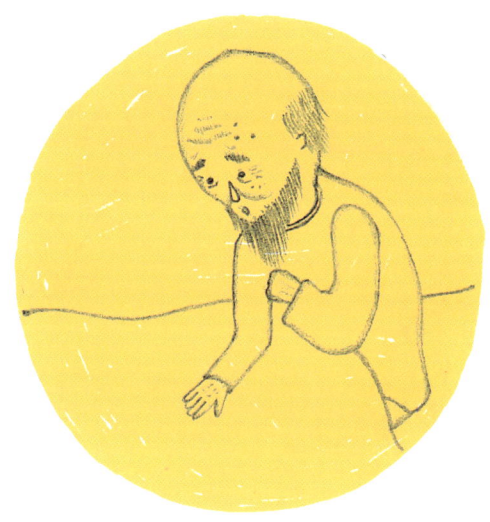

우리는 아무 생각 없이 '그냥' 지내는 날이 얼마나 많은지 몰라. 그냥 먹고, 그냥 자고, 그냥 노는 날 말이야. 어떤 때에는 봄이 와서 꽃이 피어도, 아침이 되어 찬란한 태양이 떠올라도 아무 느낌 없이 그냥 흘끗 보고 지나쳐 버리기도 하지. 새들이 어떻게 짝을 지어 날아가고, 구름이 어떻게 모였다가 흩어지는지 몇 번이나 눈여겨보았니? 자신에게 혹은 남들에게 궁금한 일에 대해서 몇 번이나 질문을 해 보았니? 남들이 하니까 그냥 따라 하고, 어른들이 시키니까 그냥 했던 일은 없었니?

자기 안에 물음표가 없어서 아무것도 묻지 못하는 사람은 건전지를 넣고 단추를 누르면 그냥 북을 쳐 대는 곰 인형과 별로 다를 것이 없어. 아무 생각 없이 모든 순간을 습관적으로 기계적으로 살아가는 사람은 이야기 속 할아버지와 똑같아. 자기 것이지만 자기 것이 아닌 수염을 달고 있으니까 말이야.

'그냥 수염'을 달고 있는 사람은 어느 날 누가 "왜?" 혹은 "어떻게?" 하고 물으면, 아무 대답도 하지 못해. 아무리 자기가 한 일을 뒤돌아보고 생각해 내려고 애써도 지나온 날들은 이미 멀리멀리 사라져 버려서 흔적조차 찾을 길이 없기 때문이지. 어느 날엔가 너한테도 누군가가 물어 올지 몰라. 그때를 위해서라도 '그냥'이라는 대답이 아닌 무언가를 준비해야겠지?

학교에서 선생님께 무엇을 질문했니?

질문을 한다는 게 생각처럼 쉽지는 않아. 무슨 문제건 한 번 더 깊이 생각하고, 네가 궁금한 것이 무엇인지 잘 정리해야 하니까.

상대성 이론을 발견한 과학자 아인슈타인, 미국 대통령 루스벨트, 그리고 영화 〈쥐라기 공원〉을 만든 스필버그 감독, 이 세 사람의 공통점이 뭔지 아니?

바로 유대인이라는 점이지. 유대인 가운데는 이들 말고도 세계적으로 이름난 사람들이 참 많단다. 오늘날 세계의 정치, 경제, 문화 흐름을 이끌어 가는 사람 대부분이 유대인이라는 이야기가 있을 정도야.

유대인들은 왜 이처럼 빼어난 재주를 지녔을까? 사람들은 그 까닭이 독특한 생각 키우기 방법 때문이라고 입을 모으지. 그 남다른 비결이 무엇인지 한번 들어 볼래?

유대인들은 어려서부터 생각하는 훈련을 받으며 자란단다. 네가 학교에서 돌아오면 엄마 아빠가 "오늘 선생님께 뭘 배웠니?"하고 물어볼 거야. 그런데 유대인 부모는 "오늘은 학교에서 선생님께 무슨 질문을 했니?"라고 묻는다는구나.

그러니까 유대인에게 학교는 무언가를 듣고 배우는 곳이 아니라, 궁금한 무언가를 묻는 곳인 셈이지. 오늘 학교에 가서 선생님에게 질문을 하나라도 해 보았니? 질문을 한다는 게 생각처럼 쉽지는 않아. 아무거나 무턱대고 질문할 수는 없어. 무슨 문제건 한 번 더 깊이 생각해야 하지. 그리고 네가 궁금한 것이 무엇인지 잘 정리해야 할 테고. 그러려면 무엇보다 늘 네 자신에게 질문하는 습관을 들여야 할 거야.

결국 "선생님에게 무슨 질문을 했니?"라고 묻는 것은 "오늘 네 스스로에게 어떤 질문을 했니?"라고 묻는 거나 마찬가지야. 이처럼 유대인 부모들은 아이들이 스스로에게 물음표를 던지게끔 버릇을 들인단다.

질문하는 습관을 들이는 것만큼 중요한 게 또 있어. 너는 학교 선생님들이나 주위 어른들로부터 "부모님 말씀 잘 듣는 착한 아이가 되어라." 하는 말을 자주 듣곤 하지? 하지만 유대인들한테 고분고분하고 순종적인 태도는 미덕이 아니란다. 그보다는 다른 사람 말을 곧이곧대로 받아들이지 않는 걸 오히려 미덕이라고 배워.

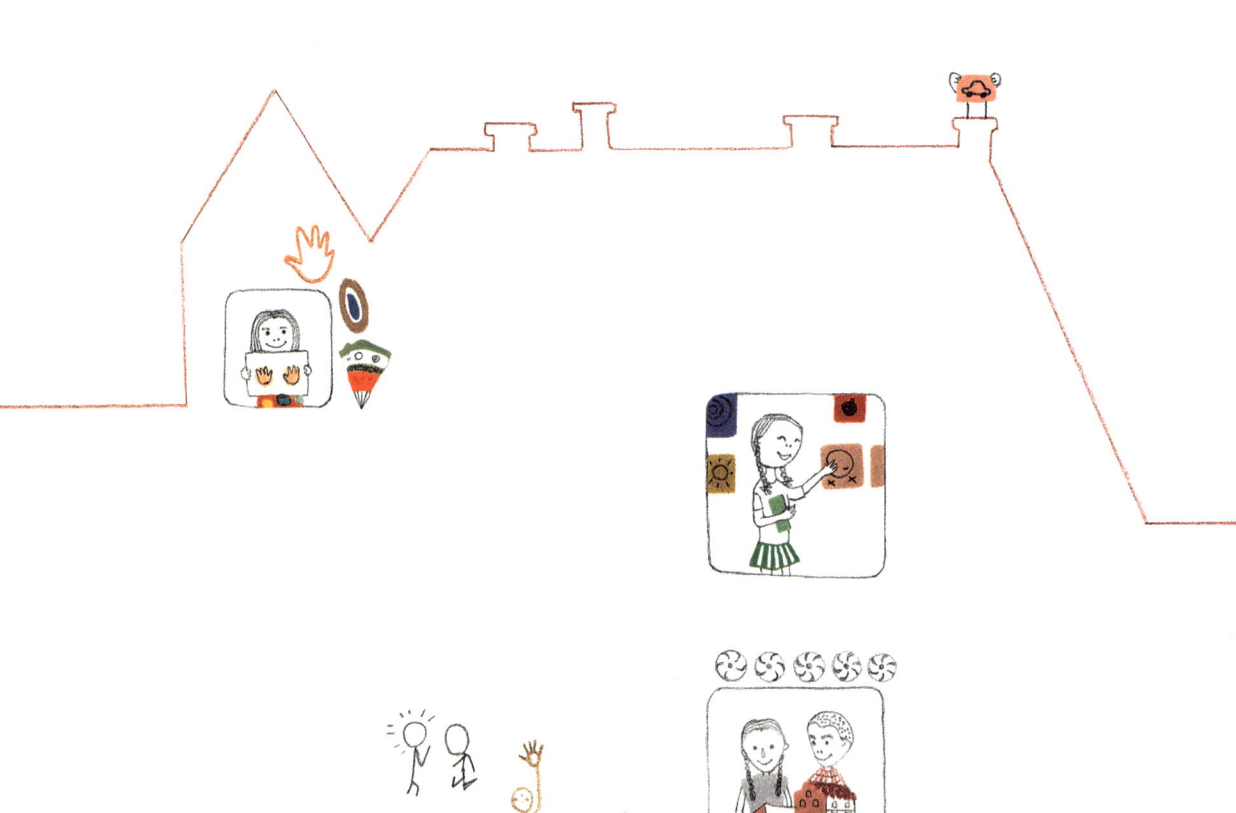

만약 네가 선생님이나 어른들 말씀이 네 생각과 어떤 차이가 있는지 요모조모 따지고 들면 어른들은 무척 불편해 하지. 또 버릇없다고 나무라기도 해. 하지만 유대인들은 "아이가 학교에서 얼마나 얌전하고 말 잘 듣는지 몰라요." 하면 오히려 걱정을 한단다. 왜냐하면 얌전하다는 말은 이해력이 떨어지고 자기 생각을 밝히지 못하는 아이라는 말과 같은 뜻이라고 여기기 때문이지. 이런 환경 속에서 유대인들은 어릴 때부터 자기 생각을 자신 있게 내세우는 사람으로 자랄 수 있었던 거야.

또한 유대인 부모는 아이와 끊임없이 대화를 나눈단다. 심지어는 말귀를 못 알아듣는 갓난아기 때부터 이야기를 많이 해 준다고 해. 아이가 자라서 귀찮을 정도로 질문을 해도 꼬박꼬박 들어 주고 대답하는 건 물론이고 말이야. 이처럼 대화를 통해 생각하는 훈련을 하도록 하는 거지. 대화하는 습관이야말로 지금의 유대인들을 있게 한 보물 같은 비법이라고 할 수 있어.

이 대화법을 직접 실험해 봐. 누구건 한 사람과 마주 앉아서 어떤 주제 하나를 놓고 주거니 받거니 대화를 시작하는 거야. 얼마나 오랫동안 이야기를 나누었니? 아마 10분도 못 가서 할 말을 잃고 머뭇거릴걸. 그게 모두 네 탓은 아냐. 학교에서 또 집에서 대화를 통해 무언가를 이해하고 내 것으로 만들어 나가기보다는, 어른들이 주는 지식과 정보를 무조건 기억하고 외우도록 길들여졌기 때문일 거야. 그러니 이제부터라도 어떤 주제를 가지고 조금씩 시간을 늘려 가며 이야기하는 버릇을 길러 봐.

마지막으로 소개할 비밀은 바로 책 읽기야. 유대인 부모들은 잠자기 전에 아이들에게 늘 책을 읽어 준대. 엄마 아빠가 다정한 목소리로 소곤소곤 책을 읽어 주는 동안 아이들은 잠이 들겠지. 그러면서 아이는 자연스레 풍부한 정서와 상상력을 키우게 돼. 그리고 무엇보다 저도 모르게 책을 가까이 하는 습관을 익히게 된단다. 깊이 뿌리를 내리고 풍성한 나뭇잎을 드리운 아름드리나무를 떠올려 봐. 책은 우리를 그런 아름드리나무로 만들어 준단다.

유대인들의 생각 키우기 방법은 당장 경쟁에 필요한 지식보다는 미래를 꿈꾸고 가꾸어 갈 수 있는 지혜를 얻게 해 줘. 질문이 많은 아이, 호기심이 많은 아이가 되게 돕는 거지.

혹시 '애걔, 겨우 이거야? 난 또 뭐 대단한 비법이라도 있는 줄 알았잖아.' 하고 실망하고 있지는 않니? 맞아, 앞서 소개한 생각을 키우는 방법들이 그다지 어렵고 신비로운 건 아니야. 그저 생각을 많이 하고, 대화를 자주 나누고, 책을 가까이 하라는 것뿐이지.

돌이켜 보면 진리는 이렇게 평범하고 별 볼일 없어 보일 때가 많아. 왠지 거창하고 눈부신 것들은 당장 보기에는 화려하지만 곧 거품처럼 사그라들곤 하거든.

이제부터는 머릿속 질문들을 꺼내어 친구와 선생님과 부모님에게 건네 보렴. 대화는 자기 생각을 이야기하는 것뿐만 아니라 다른 사람들의 생각을 듣는 것도 포함하는 것이란다. 다른 사람들 생각을 듣다 보면 네 안에 또 다른 새로운 물음표가 생기겠지. 이렇듯 대화는 네 질문에 훌륭한 해답을 보여 주기도 하고, 네가 더 많은 것에 관심과 흥미를 가질 수 있도록 도울 거야.

참, 네 눈을 좀 더 넓고 깊게 틔워 주는 책을 찾아 읽는 것도 잊지 말아야지.

그리고 어느 정도 시간이 지난 다음에 네가 지나온 길을 뒤돌아보렴. 그 길 어디쯤에서 네가 품었던 질문과 그에 대한 해답이 세상 모든 사람에게 행복과 기쁨을 줄 수 있을지도 몰라.

판도라는 왜 상자를 열었을까?

두 번째
마당

호기심은 모든 생각의 씨앗

작은 호기심이 세상을 바꾼다

판도라는 왜 상자를 열었을까?

호기심이야말로 사람을 비로소 사람답게 만들어 준 씨앗이란다.

아주 먼 옛날, 그리스 신 제우스는 대장장이 신 헤파이스토스에게 여자를 만들라고 했어. 세상에 처음 여자가 생겨나자 여러 신이 그녀에게 아름다움, 지혜, 말솜씨, 옷감 짜는 기술 들을 선물했지. 덕분에 그녀 이름은 판도라, 곧 '모든 선물을 받은 여인'이 되었단다.

제우스는 판도라를 지상 세계로 내려보내면서, "이 상자는 네게 행운을 가져다줄 것이다. 하지만 절대로 열어 봐서는 안 된다. 명심하여라." 하는 말과 함께 상자를 하나 건네주었어.

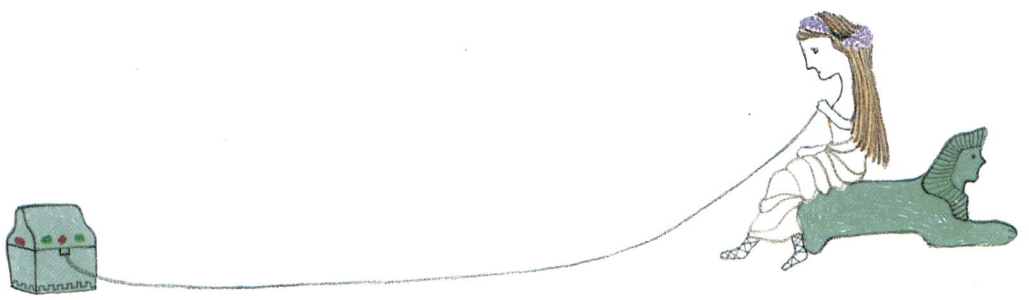

땅으로 내려온 판도라는 멋진 남자와 결혼해서 행복한 나날을 보냈단다. 그러던 어느 날, 문득 제우스가 건네준 상자가 떠올랐어. 한동안 어디다 두었는지도 모를 정도로 잊고 살았는데, 막상 상자에 생각이 미치자 궁금해서 견딜 수가 없었지. 판도라는 제우스가 절대로 열어 보지 말라고 한 말을 기억하고 있었어. 그래서 처음에는 그쪽으로 눈길도 주지 않으려 했지. 하지만 그럴수록 판도라는 호기심에 사로잡혔어. 나중에는 머릿속이 온통 상자 생각으로 꽉 차게 되었단다.

'저 상자 안에는 뭐가 들었을까? 어쩌면 온갖 보석이 가득 차 있을지도 몰라. 아냐, 보석이 아니라 돌멩이가 들어 있다고 해도 상관없어. 도대체 저 안에 뭐가 들어 있는지 알 수만 있다면!'

결국 호기심은 판도라에게 상자를 열게 하고야 말았어. 그러자 그 순간 상자 속에서 사람을 절망과 고통으로 몰아넣는 온갖 불행들이 쏟아져 나왔어. 슬픔과 질병, 가난과 전쟁, 증오와 시기……. 판도라는 깜짝 놀라 얼른 뚜껑을 닫았지만 이미 때는 늦었어. 나쁜 기운들은 세상으로 흩어졌고, 이때부터 인간들은 갖가지 슬픔과 고통을 겪으며 살게 되었단다.

이건 그리스 신화에 나오는 이야기야. 신화는 오랫동안 인류가 쌓아 온 지혜를 담고 있어. 그리고 이야기 하나하나엔 다양한 의미가 담겨 있지. 그래서 그런지 사람들은 하나의 이야기를 놓고도 전혀 다른 결론을 내기도 해. '판도라의 상자' 이야기도 마찬가지야.

어떤 사람들은 '판도라의 상자' 이야기를 쓸데없는 호기심이 얼마나 나쁜 결과를 가져오는지 꾸짖는 거라고 풀이하곤 해. 호기심이 없었다면 전쟁도 미움도 욕심도 없는 세상에서 살 수 있었을 거라고 말하지. 맞아, 호기심은 곧잘 말썽을 일으키잖아.

그런데 말이야, 정말 판도라가 호기심을 억눌렀더라면 인간은 평화롭고 행복하게 살았을까? 판도라의 상자가 열리지 않은 세상을 한번 상상해 봐. 서로 다투지도 않고 병에 걸려 아프지도 않겠지. 더불어 미움과 질투와 슬픔도 없을 거야. 하루하루가 행복하니 아무 근심 걱정도 없을 테고…….

그런데 이런 생활이 끝없이 이어지면 어떨까. 오늘 아무 일 안 해도 내일을 걱정할 필요가 없으니 몸도 마음도 게을러질 게 뻔해. 아픔과 슬픔이 없으니 그걸 견디는 인내도, 이겨 내는 용기도 필요 없을 거야.

사랑이라는 감정이 소중한 이유도, 그 반대편에 미움이 있기 때문이지. 슬픔이 없이 기쁨만 계속된다면 그게 기쁨인지 알 수 없을 거야. 사람 마음에 아무런 느낌과 감정이 없다면 머릿속도 텅 비어 아무 생각도 하지 않을 테고. 그건 더 이상 사람이라고 할 수 없어. 아마 전지전능한 신이거나 아무 생각도 없는 동물, 둘 중에 하나일 거야. 판도라가 상자를 열었기에 사람은 비로소 사람답게 다시 태어난 거지. 그래서 신화를 연구하는 사람들은 판도라의 상자가 다름 아닌 사람의 마음이라고 풀이하기도 한단다. 어때, 그럴듯하지 않니?

이렇듯 호기심이야말로 사람을 비로소 사람답게 만들어 준 씨앗이라고 할 수 있어.
호기심이 없었다면 사람은 문명을 이룰 수 없었을 거야. 비행기와 배와 잠수함도 발명하지 못했을 테고, 자연의 비밀도 풀지 못한 채 그저 여느 동물처럼 살아갔겠지.

물론 동물들도 호기심을 지니고 있어. 호기심을 불러일으키는 대상을 만나면 개는 귀를 쫑긋 세우고, 고양이는 몸을 웅크리고, 새들은 고개를 갸웃거리지. 사람과 똑같이 호기심을 지녔다는 얘기야. 왜 같은 호기심 씨앗으로 사람은 아름다운 꽃을 피웠는데 동물은 그러지 못했을까? 여기에는 호기심을 둘러싼 비밀이 숨어 있단다. 이제 그 비밀의 상자를 열어 볼까?

작은 호기심이 세상을 바꾼다

에디슨이 발명왕이 된 건 호기심 때문만은 아니야.
호기심에 물도 주고 거름도 주면서 가꾸었기 때문이지.

'호기심 많은 발명가' 하면 사람들은 으레 에디슨을 떠올려. 에디슨이 어렸을 때 알을 품어 병아리를 까는 닭을 보고 자기도 알을 품었다는 이야기는 모르는 사람이 없을 정도야. 호기심을 기르자는 이야기를 할 때면 약방에 감초처럼 빠지지 않지. 정말 에디슨의 호기심은 끝이 없을 정도였어. 하지만 에디슨이 발명왕이 된 게 그저 호기심이 많았기 때문일까?

사람은 누구나 본능적으로 호기심을 지니고 있단다. 게다가 호기심 많기로는 고양이를 따라갈 수 없을걸. 서양에 '호기심이 목숨 질긴 고양이를 죽인다.'는 속담이 있을 정도니까 말이야. 하지만 고양이는 여전히 고양이로 남았고, 에디슨은 발명왕으로 이름을 남겼지. 그러면 무엇이 에디슨을 발명왕으로 만들었을까?

하루는 에디슨이 실험을 하다가 열차에 불을 내고는 혼쭐이 났대. 왜 열차에서 실험을 했냐고? 당시 에디슨에게 열차는 먹고, 자고, 일하는 곳이었거든. 실험할 곳도 열차 안뿐이었던 거지. 이때 에디슨 나이가 열두 살이었단다. 열두 살이면 네 또래쯤 되겠구나.

에디슨은 집안 형편이 아주 어려워서 남의 집에서 궂은일을 하며 얹혀살아야 하는 처지였어. 그런데 마침 열차 안에서 신문을 팔면서 잠자리도 해결할 수 있는 일자리가 생긴 거야. 보통 사람 같으면 그 일자리를 잃지 않으려고 눈치 보며 얌전히 지내겠지. 하지만 에디슨은 뭐든 호기심이 생기면 그걸 해결해야 직성이 풀리는 아이였어. 말하자면 에디슨에게는 먹고 자는 문제를 해결하는 것보다 호기심을 해결하는 게 더 중요했다는 얘기지. 여기에 비밀을 풀 첫 번째 열쇠가 있단다. 사람이라면 누구나 새로운 지식을 머릿속에 채우길 바라지. 이걸 '지적 호기심'이라고 해.

에디슨이 2천 번의 실험 끝에 기어코 전구를 발명했을 때였어. 어떤 사람이 에디슨에게 물었대.

"실험을 하는 동안 단 한 번도 실패가 두렵지 않았나요?"

그러자 에디슨은 "나는 1999번 실패를 한 게 아니라, 전구를 만드는 데 알맞지 않은 1999가지 방법을 발견한 것이라오."라고 대답했단다.

여기에 비밀을 푸는 두 번째 열쇠가 있어. 호기심은 사람을 늘 끝없는 도전과 실험으로 이끌어. 하지만 사람은 한 번 실수한 걸 기억하고 두 번 다시 같은 실수를 되풀이하지 않는단다. 이걸 '학습 효과'라고 해.

에디슨은 스무 살 때 이미 발명가로 이름을 떨쳤고, 큰 회사까지 차리게 되었어. 하지만 에디슨은 거기에 머무르지 않았지. 당시 에디슨은 열흘에 한 가지씩 발명품을 만들어 내는 걸 목표로 삼고 하루 평균 18시간을 일했다고 해. 사람들은 고개를 절레절레 흔들며 정말 지독한 일벌레라고 꼬집었지. 그러자 에디슨은 이렇게 말했단다.

"당신들은 나를 발명왕이니 천재니 하고 부르지만 나는 그저 노력하고 또 노력하는 사람일 뿐이에요. 천재란 99퍼센트의 노력과 1퍼센트의 영감으로 이루어진다오."

여기에 마지막 세 번째 열쇠가 있어. 사실 호기심은 에디슨의 발명을 가능하게 한 아주 작은 부분, 그야말로 씨앗일 뿐이었어. 나머지 99퍼센트를 채워 준 노력이 전구를 비롯해서 축음기, 전화, 야간 쌍안경, 수중 전조등 같은 발명품을 만들어 낸 거야. 에디슨의 발명품들은 현대 문명을 이루는 데 큰 도움을 주었단다.

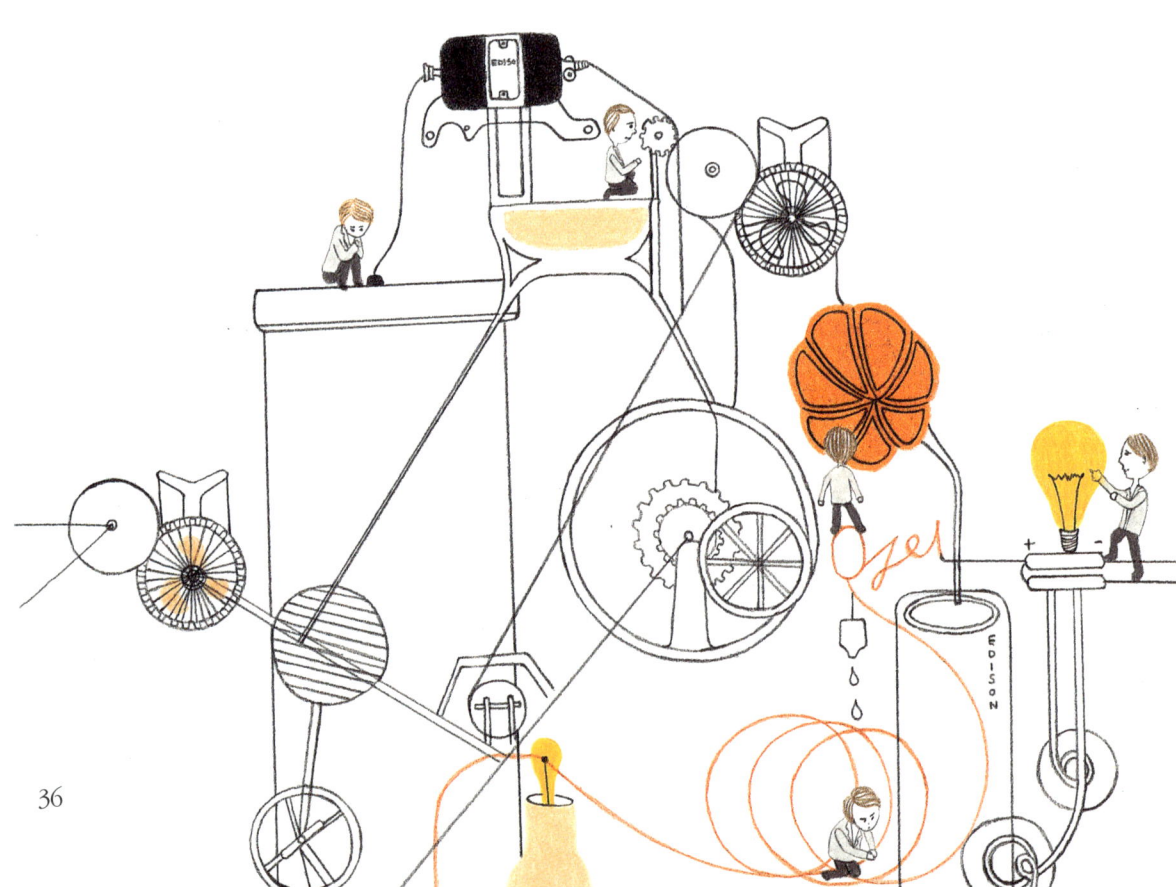

사람이라면 누구나 지적 호기심을 지니고 있어. 학습 효과를 통해서 그 호기심을 한 단계 끌어올릴 수도 있고. 이게 고양이와 다른 점이지. 하지만 누구나 에디슨이 되지는 못했어. 그건 모든 사람이 마지막 열쇠, 곧 99퍼센트의 노력을 지니지는 못했기 때문이야. 지적 호기심과 학습 효과를 십분 발휘하려면 무엇보다 끝없는 노력이 필요하다는 뜻이지.

호기심은 놀라운 힘을 지녔어. 시도 때도 없이 불쑥 튀어나와서 온 마음을 사로잡아 버리곤 해. 호기심이 어디로 튈지는 아무도 몰라. 어떤 때는 호기심에 이끌려 아주 곤란한 지경에 빠지곤 해. 또 호기심을 잘 다스리지 못해서 제풀에 지쳐 버리기도 하지. 그래서 대부분 사람들이 어릴 적에는 왕성한 호기심을 보이다가도 어느 정도 나이가 들면 더 이상 호기심을 품지 않게 되지. 그러니 호기심 씨앗이 시들기 전에 물도 주고 거름도 주면서 가꾸어야 해. 네 호기심이 어떤 꽃을 피울지 궁금하지 않니?

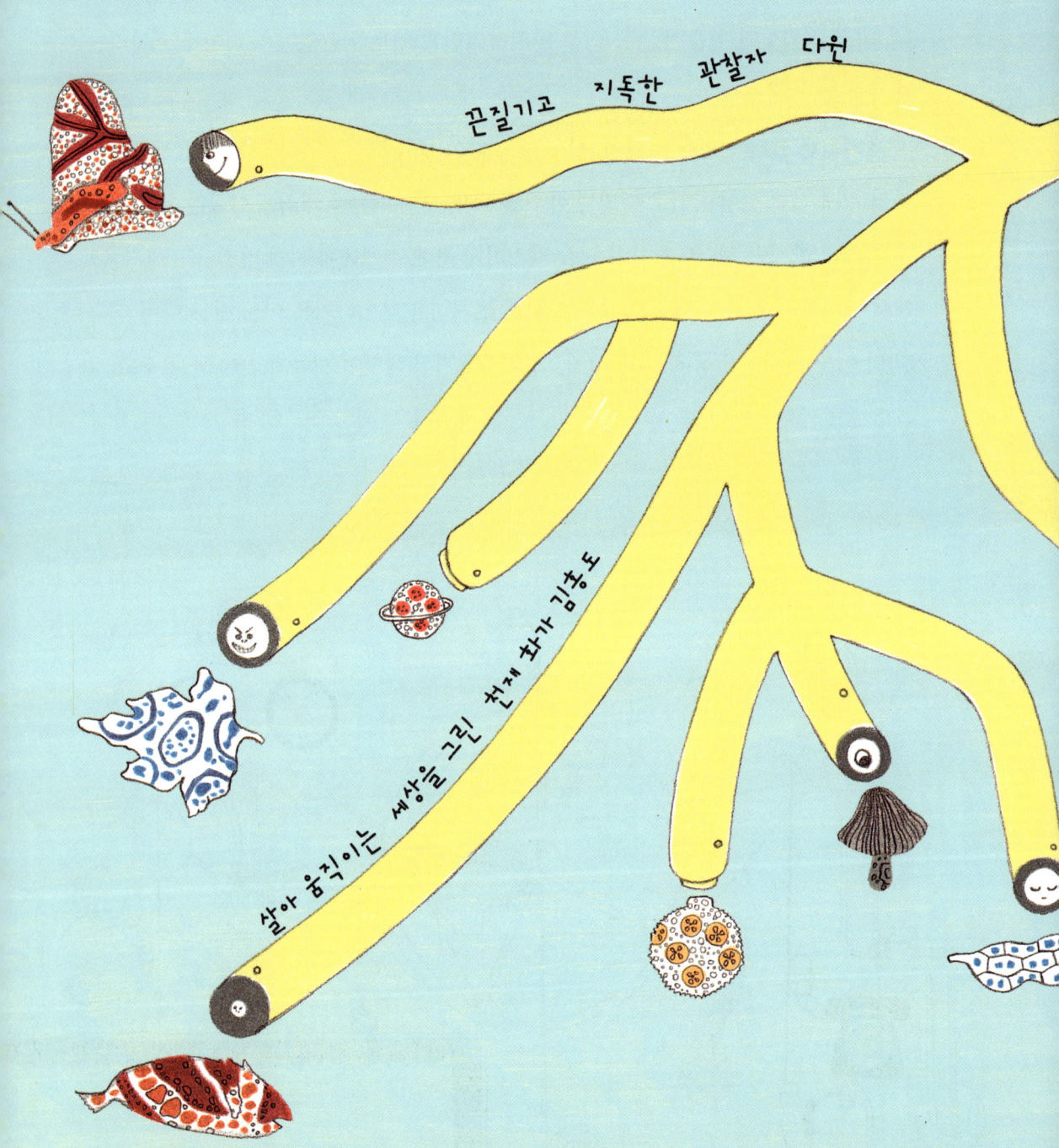

끈질기고 지독한
관찰자 다윈

한 사람의 관찰력이 50억 년 지구의 비밀마저 풀어낼 수 있다는 사실! 놀랍지 않니?

진화론을 가장 처음 주장한 사람이 누구인지 아니? 맞아, 다윈이야. 그럼 진화론이 무엇인지도 알겠구나. 간단해. 모든 생명체가 환경에 적응하며 살아남기 위해 조금씩 변해 왔다는 거야. 오늘날 생명체가 진화한다는 사실을 모르는 사람은 아무도 없지. 하지만 다윈이 조목조목 근거를 들어 발표하기 전까지는 아무도 그 사실을 알지 못했어.

다윈은 어떻게 이런 놀라운 사실을 발견해 냈을까? 1809년 영국에서 태어난 다윈은 어릴 적부터 산으로 들로 쏘다니는 걸 좋아했어. 덕분에 다윈의 방은 자갈, 식물, 곤충, 조개껍질 따위로 가득했지. 다윈은 커서 의과 대학에 들어갔지만 얼마 가지 않아 수술실을 뛰쳐나왔어. 환자가 고통스러워하는 모습을 도저히 볼 수 없었던 거야. 그러고는 그길로 다시 숲과 강으로 가서 자연을 관찰하며 지냈단다.

그런 다윈에게 마침 세계를 여행할 기회가 찾아왔어. 당시만 해도 세계 여행은 아주 위험했단다. 그나마 빠르고 안전하다는 바닷길을 택했는데, 그 바닷길에도 곳곳에 태풍과 질병, 해적 들이 도사리고 있어서 위험하지 않은 건 아니었어. 게다가 바닷길을 알려 주는 마땅한 지도가 없어서 바다를 헤매다 영영 사라질 수도 있었지. 하지만 세계의 땅과 바다, 그리고 자연을 관찰할 꿈에 부푼 다윈에게 그런 위험쯤은 아무런 문제도 되지 않았어.

1831년 12월, 드디어 다윈을 태운 비글호는 영국을 떠나 기나긴 항해 길에 올랐단다. 비글호는 대서양을 지나 남아메리카에 이르렀다가, 태평양을 지나 오스트레일리아에 다다랐지. 그러고는 인도양을 지나 아프리카에 닻을 내렸다가 다시 남아메리카를 거쳐 영국으로 돌아왔어. 무려 5년 동안 세계를 한 바퀴 돌며 모험을 한 거야.

그동안 다윈은 무얼 했을까? 다윈은 하루하루를 채집하고 관찰하고 기록하는 일로 보냈어. 동물, 식물, 미생물을 비롯해서 화석, 돌, 흙, 지층과 지형, 기후, 해류 어느 것 하나 허투루 넘기지 않았어.

다윈의 놀라운 관찰력과 성실한 기록은 18권이나 되는 일지에 고스란히 남았어. 그 꼼꼼하고 방대한 내용에 다들 혀를 내둘렀단다. 다윈이 그 일지를 바탕으로 쓴 《비글호 항해기》는 150여 년이 지난 오늘날까지도 많은 생물학자, 과학자, 인류학자 사이에서 훌륭한 연구 자료로 쓰일 정도야.

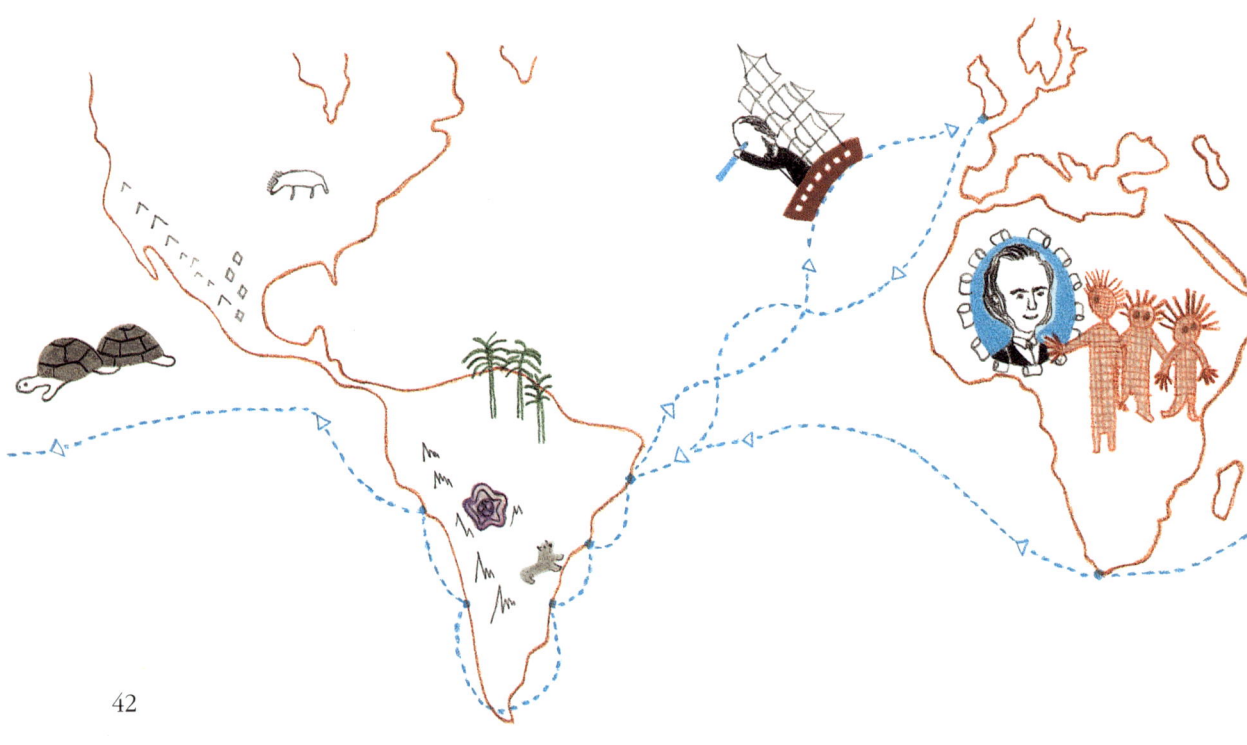

그런데 다윈도 관찰을 소홀히 해서 일을 그르칠 뻔한 적이 있었어. 다윈이 태평양 갈라파고스 제도에 머물 때 일이야. 갈라파고스 제도는 16개 화산섬으로 이루어진 곳이란다. 여기에는 남아메리카 대륙에서 건너온 듯했지만 이곳 환경에 맞춰 진화한 도마뱀, 거북, 새, 식물 들이 무리를 이루고 있었지. 다윈은 섬을 돌아다니며 모든 생물을 관찰하고 표본을 채집해서 배에 실었어.

그렇게 갈라파고스 제도에서 머무르던 날들이 끝날 무렵이었어. 다윈은 문득 부총독이 사람들을 모아 놓고 자랑하는 얘기를 들었단다.

"여러분 가운데 등딱지 모양만 보고도 어떤 섬에서 난 거북인지 알 수 있는 사람 있소? 오직 나의 예리한 눈길만이 그걸 발견할 수 있었지. 암, 그렇고말고."

다윈은 깜짝 놀랐어. 부총독 말마따나 다윈은 갈라파고스 제도에 사는 거북이 모두 닮아 있다고 여기고 따로 구별하지 않았거든. 그런데 자세히 보니 정말로 어떤 섬 거북은 등딱지가 둥글고 색깔이 검은가 하면, 어떤 섬 거북 등딱지는 두껍고 휘어져 있었어.

다윈은 다른 생물들도 다시 꼼꼼히 들여다봤어. 아니나 다를까, 갈라파고스 제도에 사는 새와 곤충과 식물은 어느 섬에 사느냐에 따라 생김새가 조금씩 달랐어. 다윈은 눈이 번쩍 뜨이는 기분이었지. 갈라파고스 제도에 있는 섬들은 저마다 조금씩 환경이 달랐고, 생명체들은 그 환경에 적응하느라 스스로 변화해 왔던 거야. 다윈은 자신이 잠시나마 우쭐했던 걸 뼈저리게 반성했어. 그러고는 남은 항해 기간 동안 더 깊이 더 꼼꼼히 관찰하게 되었지.

항해에서 돌아온 다윈은 곧바로 연구실로 들어가 채집해 온 것들을 분류하고 관찰하는 일에 몰두했어. 섣불리 어떤 주장을 내세우지 않고 오직 관찰한 결과만을 조금씩 조심스럽게 내보였지. 1859년, 그러니까 항해에서 돌아온 지 20년이 훌쩍 지난 뒤에야 비로소 다윈은 진화론을 주장한 책 《종의 기원》을 세상에 내놓았어.

20년 동안 《종의 기원》을 완성하기 위해 다윈이 하루하루를 어떻게 지냈을지 떠올려 봐. 한 사람의 관찰력이 50억 년 지구의 비밀마저 풀어낼 수 있다는 사실! 놀랍지 않니?

살아 움직이는 세상을 그린 천재 화가 김홍도

큰 흐름을 놓치지 않는 관찰력을 통해 김홍도는
백성들의 푸르고 활기찬 생명력을 알게 되었고, 그걸 자신의 화폭에 담은 거야.

우리 조상들 가운데 관찰력이 빼어난 사람은 누가 있나 볼까? 그래, 화가 김홍도를 꼽을 수 있겠네. 김홍도는 그림을 워낙 잘 그려서 '그림 그리는 신선'이라고 불렀단다.

김홍도의 놀라운 관찰력을 보여주는 좋은 예로 〈송하맹호도〉라는 그림이 있어. 이 그림 구도는 아주 간단해. 소나무 한 그루와 그 아래 호랑이 한 마리를 그렸을 뿐이지. 그런데 그림을 본 사람들은 저도 모르게 흠칫 놀라곤 한단다. 뭔가 먹잇감을 발견한 호랑이가 등을 잔뜩 웅크리고 털을 곤두세운 모습이, 당장이라도 그림 밖으로 뛰쳐나올 것처럼 생생하거든. 소나무와 호랑이만 있을 뿐인데 그림은 전혀 빈틈이 보이지 않아. 단순한 구도만으로 이토록 긴장감을 주는 그림은 세계 어디에도 없을 거야.

게다가 호랑이를 자세히 보면 털을 아주 가느다란 붓으로 한 올 한 올 그려 넣었어. 호랑이 털 한 올도 놓치지 않는 꼼꼼한 관찰력과 그걸 그대로 그림에 담아내려는 의지가 무시무시할 정도야.

이뿐만 아니야. 김홍도는 백성들이 일하고 놀고 사랑을 나누는 일상적인 풍경을 그림에 담아냈어. 〈씨름〉이나 〈서당〉 같은 그림은 너도 심심찮게 봤을걸. 이 그림들은 '아, 조선 시대 사람들은 저렇게 살았구나.' 하고 대번에 알 수 있을 만큼 쉽고 자연스럽게 그려져 있어. 이런 그림을 풍속화라고 해. 김홍도의 풍속화를 보면 은근슬쩍 입가에 웃음이 묻어나지 않니? 〈서당〉만 봐도 그래. 혼나서 우는 아이, 그 모습을 바라보며 웃음을 참느라 애쓰는 훈장, 잔뜩 긴장해서 책을 외우는 아이 등 다양한 상황과 표정이 한 폭의 그림에 담겨 있지. 그러면서도 각각의 장면들이 자연스레 하나로 어우러져서 이야기를 만들어 내고 있어.

이 그림들을 보고서 '애개, 이 정도 그림이면 나도 그리겠다.' 하고 얕잡아 보는 사람도 있대. 그런데 정작 그려 보라고 하면 도저히 흉내를 못 내는 거야. 사람들이 살아가는 모습을 물 흐르듯 단숨에 그려 내는 일은 어쩌면 호랑이 털을 하나도 놓치지 않는 것보다 힘들어. 김홍도는 사람들을 관찰하고 그리는 연습을 수백 수천 번 거쳤을 거야. 그걸 통해서 그야말로 신선의 솜씨를 뽐낼 수 있었던 거지. 말하자면 김홍도는 호랑이 그림은 호랑이 그림답게, 풍속화는 풍속화답게 그릴 줄 알던 화가였단다.

김홍도의 관찰력은 여기서 그치지 않았어. 김홍도는 남들과 다른 눈을 하나 더 지니고 있었단다. 그걸 알려면 먼저 김홍도가 살던 조선 후기 사회를 살펴봐야 해.

조선 후기에 접어들면서 사람들은 새로운 흐름을 바랐고, 자연스레 신분 질서가 흔들렸어. 왕과 양반들을 하늘처럼 떠받들었는데 돌아오는 건 가난과 전쟁뿐이었으니 그럴 만도 하지. 백성들은 조금씩 고개를 들어 자기 목소리를 내기 시작했어. 장사를 해서 돈을 모으기도 하고, 또 놀이 문화를 크게 일으키기도 하면서 말이야. 말하자면 조선에도 새로운 변화의 기운이 기지개를 켠 거지.

하지만 화가들은 대부분 그 변화를 제대로 보지 못했단다. 그림도 여전히 매화, 난초, 국화, 대나무나 상상 속 산과 강, 신선 같은 걸 그릴 뿐이었어. 세상의 변화와는 상관없이 선비의 곧은 정신이나 현실에 없는 무릉도원에서 살고 싶은 꿈을 표현하고 있었던 거지.

이에 비해 김홍도는 세상의 변화를 유심히 관찰하고 받아들였어. 말하자면 김홍도는 사회 전체를 바라보는 큰 눈을 지녔던 거지. 큰 흐름을 놓치지 않는 관찰력을 통해 김홍도는 백성들의 푸르고 활기찬 생명력을 알게 되었고, 그걸 자신의 화폭에 담은 거야.

김홍도가 왜 천재 화가로 역사에 이름을 남겼는지 이제 알 것 같지? 호랑이 털 하나까지 낱낱이 들여다보고야 마는 지독한 관찰력이 뒷받침되었고, 나아가 시대의 흐름을 읽고자 하는 큰 눈을 지녔기에 가능했어.

다윈과 김홍도 이야기에서 보듯이 놀라운 창의력과 상상력은 늘 관찰력을 바탕으로 하기 마련이란다. 관찰력은 끈기와 인내를 필요로 해. 때로는 오랜 시간과 지루하게 싸움을 벌여야 할지도 몰라. 하지만 그런 쓰디쓴 노력도 없이 알찬 과실을 기대할 수는 없어. 자, 이제 우리도 크게 심호흡을 한 뒤 돋보기를 들고 여기저기 관찰 대상을 찾아나서 볼까?

보이지 않는 것을 볼 수 있게 만드는 힘

생각은
이미지로 만든 집

우리는 그저 어떤 이미지를 떠올리는 것만으로도 보고 만지고 들은 것처럼 느끼지.
이렇게 이미지를 떠올릴 수 있어야 비로소 생각하는 것도 가능해져.

1860년대, 미국 보스턴에 한 여자아이가 살았어. 아이 엄마는 죽고, 아빠는 술주정뱅이였지. 슬픔과 고통에 빠져 있던 아이는 눈이 점점 안 보이고 사랑하는 동생마저 일찍 죽자, 그 충격으로 시름시름 앓다가 정신마저 이상해져 버렸어.

아이는 정신 병원에 갇히게 되었단다. 아무것도 먹지 않고 짐승처럼 괴성을 지르고 벽을 할퀴며 난동을 부리는 일이 잦아졌어. 모두들 고개를 절레절레 흔들며 치료를 포기할 정도였지. 하지만 오직 한 사람, 간호사 로라만큼은 아이를 포기하지 않았어. 아이에게 다가가 늘 웃는 얼굴로 말을 걸고, 먹을 걸 건네주었지. 또 책도 읽어 주고 따스하게 보듬어 주었어. 로라의 간호 덕분에 아이는 차츰 정신이 돌아왔고, 어느덧 로라와 짤막하게나마 이야기도 나눌 수 있게 되었어. 정신 병원에 들어온 지 꼬박 2년 만에 아이는 다시 정상적인 생활로 돌아왔단다.

하지만 슬픔은 아직 끝나지 않았어. 로라가 죽고 만 거야. 아이는 다시 깊은 슬픔에 빠졌지만, 사람은 어떤 어려운 상황이 닥쳐도 스스로 그걸 이겨 낼 힘을 지녔다는 로라의 말을 잊지 않았단다. 희망을 볼 수 있는 마음의 눈이 생긴 거지.

아이는 열심히 공부해서 훌륭한 성적으로 학교를 졸업하고 어엿한 어른이 되었지. 그리고 그 사연을 들은 한 신문사의 도움으로 눈을 수술할 수 있었단다. 수술에 성공해서 앞을 볼 수 있게 되었을 때, 그 여자는 우연히 한 신문 광고를 보게 되었어.

"보지 못하고, 듣지 못하고, 말하지 못하는 아이 돌볼 사람 구함!"

그 여자는 '하늘이 나에게 내려 준 아이다.'라고 생각했어. 자신이 받았던 은혜를 아이에게 그대로 갚겠노라고 다짐했지. 그리고 보지도, 듣지도, 말하지도 못하는 아이에게 곧장 달려갔단다.

이 여자가 바로 설리번이야. '보지 못하고, 듣지 못하고, 말하지 못하는 아이'는……, 그래, 너희들도 잘 아는 헬렌 켈러이지. 설리번은 50년 가까이 헬렌 켈러의 눈과 귀와 손과 발이 되어 곁을 지켰단다.

헬렌 켈러도 설리번의 고마움을 가슴 깊이 새기고 있었어. 만약 자기가 딱 3일만이라도 앞을 볼 수 있다면, 그 첫째 날은 모든 걸 제쳐 두고 설리번에게 달려가 함께 있을 거라고 말했단다. 참 아름다운 이야기야. 우리도 설리번처럼 누군가에게 정말 고마운 존재로 남을 수 있다면 얼마나 행복할까.

그건 그렇고, 설리번은 어떻게 헬렌 켈러를 가르쳤을까? 헬렌 켈러는 보지도 듣지도 말하지도 못하면서 어떻게 생각이란 걸 할 수 있었을까?

설리번이 처음 만난 헬렌 켈러는 상상을 초월하는 상태였어. 아주 거칠고 제멋대로였지. 어릴 적 힘겨운 경험을 한 설리번으로서도 도저히 감당하기 어려울 정도였어. 사실 헬렌 켈러는 우리가 상상할 수 없을 만큼 고통스러웠을 거야. 아무것도 볼 수 없고, 아무것도 들을 수 없고, 아무것도 말할 수 없으니까. 그저 먹고 자고 울부짖을 뿐, 생각이라는 것 자체를 못했겠지.

나중에 헬렌 켈러는 설리번을 만나기 전까지 자신이 '존재하지 않는 세계에서 사는 유령'이었다고 말할 정도였단다. 이런 상태라면 생긴 것만 사람이지, 정신은 짐승에 가까웠을 거야.

설리번이 헬렌 켈러를 가르치는 과정은 우리에게 아주 흥미로운 사실을 보여 준단다. 당시 헬렌 켈러는 동물과 다를 바 없었지만 그 안에는 사람의 씨앗이 숨어 있었어. 다만 그 씨앗이 싹트고 자랄 기회가 없었던 것뿐이지. 다행히 설리번을 만나 비로소 생각의 씨앗이 움텄고 헬렌 켈러는 점점 '사람'이 되어 갔어.

설리번이 헬렌 켈러에게 처음 가르친 게 뭐였을까? 물이었어. 설리번은 헬렌 켈러에게 물을 만지게 하고는 손바닥에 '물'이라는 글자를 써 주었지. 헬렌 켈러는 몸부림을 치며 설리번을 거부했어. 하지만 설리번은 포기하지 않았단다.

그러던 어느 날 설리번이 여느 때와 다름없이 물을 만지게 하자, 헬렌 켈러는 설리번 손바닥에 '물'이라는 단어를 썼어. 설리번은 기쁨의 눈물을 흘렸어. 드디어 설리번과 헬렌 켈러가 교감을 하게 된 거야.

설리번은 뒤이어 여러 사물을 만지게 하고 그 이름을 손바닥에 써 주면서 헬렌 켈러를 가르쳤지. 그저 만지고 냄새를 맡는 것만으로 어떤 사물인지 알아내기란 정말 힘들어. 하지만 헬렌 켈러는 그 어려움을 이겨 내고 놀랄 만큼 빠르게 배워 갔어. 막혔던 봇물이 한꺼번에 터져 나오는 것처럼 말이야.

헬렌 켈러가 배우고 익히는 모습을 보면 사람이 여느 동물과 어떻게 다른지 또렷이 드러나. 헬렌 켈러는 짐승 같았지만, 아니 짐승보다 못한 상태에 있었지만 결정적으로 짐승에게는 없는 능력을 지녔지. 바로 머릿속에 어떤 그림을 그릴 수 있다는 거야.

예를 들어 연필을 만졌을 때, 헬렌 켈러는 머릿속에 연필 모양을 그리게 되지. 그래서 다음에는 '연필'이라는 단어만 손바닥에 써도 연필 모양을 떠올릴 수 있었어. 머릿속에 어떤 이미지를 담을 수 있게 된 순간부터 헬렌 켈러는 짐승이 아닌, 사람으로 다시 태어나게 된 거지.

생각해 봐. 우리는 연필이 눈앞에 없어도 '연필'이라는 단어를 듣는 순간 연필 이미지를 떠올려. 그저 어떤 이미지를 떠올리는 것만으로도 보고 만지고 들은 것처럼 느낄 수 있어. 이렇게 이미지를 떠올릴 수 있어야 비로소 생각하는 것도 가능해져. 그러니 생각은 이미지로 만든 집이라고 할 수 있지.

하지만 사물 이미지를 하나하나 따로 떠올리는 것만으로는 부족해. 기둥과 지붕만 세웠을 뿐, 아직은 그 안에 생각이 살아 움직인다고 볼 수 없어. 설리번과 헬렌 켈러 이야기를 좀 더 따라가 보자.

보이지 않는 것을
볼 수 있게
만드는 힘

헬렌 켈러는 머릿속에 이미지를 그려 내는 힘,
그 이미지를 살아 움직이는 생각으로 엮어 내는 힘을 지니고 있었어.

헬렌 켈러는 아주 빠르게 사물 이미지를 하나하나 머릿속에 담아 갔어. 하지만 설리번은 헬렌 켈러를 가르치면서 또다시 큰 벽에 가로막혔지.

너도 직소 퍼즐을 맞춰 본 적이 있을 거야. 여러 조각을 이리저리 꿰어 맞춰 하나의 큰 그림을 완성하는 퍼즐 말이야. 처음에는 모양과 크기가 비슷한 조각으로 흩어져 있으니 그게 어떤 그림인지 알 수가 없어. 조각 하나하나를 서로 연결해야 비로소 전체 그림이 보이기 시작하지. 사실 직소 퍼즐은 큰 그림을 미리 볼 수 있으니 그나마 그걸 참고하면서 맞춰 갈 수 있어. 하지만 큰 그림도 없고 빛도 없는 어둠 속에서 직소 퍼즐을 맞춰 간다고 생각해 봐. 정말 끔찍하지.

헬렌 켈러가 꼭 그런 상태였단다. 아주 많은 이미지 조각을 가지고 있었지만 그걸 어떻게 연결해야 할지 몰랐어. 생각이 살아 움직이려면 적어도 두 가지 이상 이미지가 하나로 합쳐져야 해. 따로 떨어져 꼼짝도 하지 않는다면 죽은 거나 마찬가지야. 아무 의미도 없이 흩어져 있는 직소 퍼즐 조각처럼 말이야.

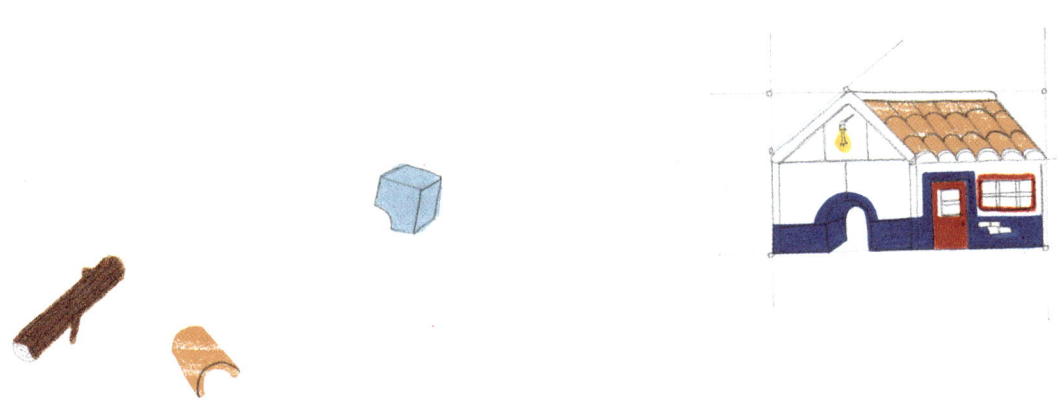

헬렌 켈러와 설리번은 다시 고통스런 시간을 오래도록 견뎌야 했단다. 하지만 헬렌 켈러는 동물에게는 없는 생각의 힘이 또 하나 있었어. 그게 바로 하나의 이미지에서 잇달아 다른 여러 이미지를 떠올릴 수 있는 능력이야.

예를 들어 헬렌 켈러가 연필과 종이를 알게 되었다고 하자. 동물이라면 이 두 가지 사물로 글씨를 쓰거나 그림을 그릴 수 있다는 사실을 전혀 이해하지 못해. 그저 아무 의미도 없이 연필은 연필 이미지로만 남고, 종이는 종이 이미지로만 남겠지. 하지만 헬렌 켈러는 연필을 떠올리는 순간 잇달아 종이를 떠올릴 수 있었어. 또 씨앗을 심으면 나무가 자라고 예쁜 꽃을 피운다는 걸 알면서부터 씨앗과 꽃과 나무를 한꺼번에 머릿속에 떠올릴 수 있었지.

비로소 헬렌 켈러가 지은 생각의 집에 생명이 살아 움직이게 된 거야. 헬렌 켈러는 칠흑 같은 어둠 속에서 직소 퍼즐을 하나하나 맞추어 갔단다. 짐승과 다름없던 헬렌 켈러가 '사람'이 될 수 있었던 것은 이렇듯 머릿속에 이미지를 그려 내는 힘, 그 이미지를 살아 움직이는 생각으로 엮어 내는 힘을 지니고 있었기 때문이었어.

사실 헬렌 켈러는 이미지를 연달아 떠올리는 데 뛰어난 능력을 지니고 있었다고 해. 왜 안 그랬겠니. 어둠 속에서만 산 사람은 귀와 코가 아주 예민하게 발달한다고 하잖아. 보지도 듣지도 못하는 헬렌 켈러는 오로지 머릿속으로만 생각을 이어가야 했으니 이미지를 요모조모 연결 짓는 능력이 남다르게 발달할 수밖에. 심지어는 기분이 좋아지는 냄새를 맡고서 기분이 좋아지는 색깔을 떠올릴 수 있을 정도였단다.

일단 생각이 살아 움직이자 헬렌 켈러는 여느 사람들보다 더더욱 빛나는 생각의 힘을 보여 주었어. 피아노 줄 울림을 손으로 느끼면서 목을 울려 소리를 내는 방법까지 알아냈고, 점자로 몇 개 국어를 읽고 쓸 수 있게 되었단다. 또 하버드 대학을 우등생으로 졸업하고, 평생을 자기처럼 앞 못 보는 사람, 듣지 못하는 사람, 힘없고 가난한 사람 들을 위해 일했어. 정말 보통 사람도 하기 힘든 일을 훌륭하게 해냈지.

헬렌 켈러가 1937년에 우리나라를 방문했던 걸 알고 있니? 그때는 한국 전쟁이 일어나기 전이니까 휴전선도 없었고 북녘 땅도 여행할 수 있었지. 헬렌 켈러는 금강산을 여행하게 되었는데, 단풍이 아름답다며 연신 환호성을 지르고 아이처럼 즐거워했어. 사람들은 어리둥절해서 물었지.

"아니, 앞을 보지 못하면서 어떻게 금강산이 아름다운지 알 수 있나요?"

그러자 헬렌 켈러가 말했어.

"아름다움은 눈이 아니라, 머리와 마음으로 느낄 수 있습니다."

헬렌 켈러의 말은 사람들에게 아주 많은 깨달음을 주었어. 눈과 귀가 있어도 마음이 닫혀 있어 소중한 것을 보지도 듣지도 못하는 경우가 많잖아. 생각의 힘을 키우는 데 소홀한 거지. 생각할 수 있다는 건 정말 놀랍고도 소중한 힘이야. 그 소중한 힘을 헛되이 해서는 안 되겠지. 너도 헬렌 켈러처럼 멋진 생각의 집을 지었으면 좋겠구나.

왜 그렇게 되었을까?

추리력이란 이미 알고 있는 사실을 바탕으로 다른 사실을 알아내는 힘을 일컫는 말이지.

숲 속의 왕 사자가 모든 동물을 불러 놓고 말했대.

"내일 내 생일잔치에 이 숲에 살고 있는 모든 짐승을 초대하겠다."

다음 날이 되자 노루, 너구리, 사슴, 늑대, 토끼, 멧돼지 할 것 없이 숲 속 짐승들 모두가 신이 나서 사자의 궁전으로 갔단다. 그런데 딱 한 마리, 여우만이 사자의 궁전에 가지 않고 제 굴속에 틀어박혀 있었어. 사자는 초대에 응하지 않은 여우가 괘씸했지. 그래서 부하를 시켜 여우가 왜 생일잔치에 오지 않았는지 그 이유를 알아 오라고 했어.

사자 부하는 부리나케 여우에게 달려가서 물었어.

"이 숲 속에 사는 모든 동물이 다 사자님 생신을 축하하러 왔는데, 어째서 여우 너만 참석하지 않았는지 그 이유를 대거라."

여우가 뭐라고 대답했을까? 여우는 이렇게 말했지.

"그야 당연하지요. 사자님 궁전으로 들어간 발자국은 있는데, 나온 발자국은 하나도 없으니까요. 제가 제정신이 아닌 다음에야 어찌 그곳에 갈 수 있겠어요."

들어간 발자국이 있는데 나온 발자국이 없다는 것은 무슨 뜻일까? 그건 사자 궁전으로 간 짐승들이 들어가긴 했는데 나오지는 못했다는 말이야. 짐승들이 사자에게 모두 잡아먹혔다는 뜻이지. 여우는 짐승들 발자국을 보고 사자의 음흉한 속셈을 미리 알아차린 거야.

여우가 지닌 생각의 힘은 뭘까? 그래, 추리력이야. 추리력이란 이미 알고 있는 사실을 바탕으로 다른 사실을 알아내는 힘을 일컫는 말이지. 앞선 이야기는 꾸며 낸 거라 여우가 추리력을 지닌 걸로 이야기했지만, 실제로 추리력은 오직 사람만이 지닌 특별한 능력이란다.

추리력은 인류가 찬란한 문명을 이루는 데 아주 큰 도움을 주었어. 이를테면 인류가 불을 사용할 수 있었던 데에는 추리력이 결정적인 몫을 했지.

아주 먼 옛날 한 원시 부족이 산 아래 동굴에서 살았단다. 하루는 벼락이 떨어져 산에 큰불이 났어. 산짐승들은 불을 피해 부랴부랴 도망치기 시작했지. 원시인들도 무서워 도망치기 바빴단다. 며칠 뒤 산불이 꺼지자 원시인들은 다시 조심스럽게 동굴로 돌아왔어.

동굴 주변에는 미처 불을 피하지 못한 동물들 시체가 여기저기 널려 있었지. 죽은 동물들은 살갗이 불에 그슬려 있었어. 며칠 동안 굶어 너무 배가 고팠던 원시인들은 죽은 동물들을 먹어 보았단다. 그런데 웬걸! 고기를 생으로 먹었을 때보다 훨씬 부드럽고 맛있는 거야.

이때 여느 동물들 같으면 그저 알 수 없는 일로 여기고 말았겠지. 하지만 원시인들은 고기 맛이 다른 까닭이 불에 그슬렸기 때문일 거라고 추리했어. 또 산불이 나기를 기다렸지.

아니나 다를까, 원시인들의 예상은 그대로 들어맞았어. 그때부터 원시인들은 산불이 나기를 오히려 기다렸단다. 먼 산에서 연기가 모락모락 피어오른다 싶으면 일부러 그쪽으로 달려가기도 했지. 무서워하기만 했던 불도 조금씩 가까이하게 되었어. 인간에게 추리력이 없었다면 불이 고기를 익혔다는 사실을 알아내지 못했을 테고, 그러면 영영 불과 친해질 수 없었겠지.

추리력은 이처럼 아주 중요한 생각의 힘이란다. 사람이라면 누구나 추리할 수 있는 기본 바탕을 갖추었지만, 추리력을 기르려면 많은 노력이 필요해. 추리력은 나이를 먹는다고 저절로 쌓이는 것이 아니지. 심지어 온갖 지식과 덕을 갖춘 공자도 추리력 때문에 아이들 앞에서 쩔쩔매기도 했는걸.

하루는 공자가 길을 가고 있는데, 아이들 둘이 말싸움을 하고 있었어. 공자는 "얘들아, 왜 그리 싸우느냐. 친구끼리는 사이좋게 지내야 하는 법이란다." 하고 타일렀지. 그러자 한 아이가 공자에게 물었어.

"할아버지, 해는 아침과 한낮 가운데 어느 때에 땅과 가까이 있는 걸까요?"

두 아이는 그 문제를 놓고 싸우고 있었던 거야.

한 아이는 해가 뜰 때 땅과 가깝다고 했어.

"사물은 가까울 때 커 보이게 마련이잖아요. 해는 아침에 떠오를 때 가장 커 보여요. 그러니 해는 아침에 땅과 가장 가깝죠. 안 그래요, 할아버지?"

그 말에 공자가 고개를 끄덕이며 맞장구를 쳤어.

"그래, 네 말이 맞아. 참 똑똑한 아이로구나."

그러자 다른 아이가 나섰어.

"불은 가까이 있을수록 뜨겁잖아요. 그런데 우리가 가장 더울 때가 언제냐고요. 아침보다 한낮이 더 덥죠. 그러니 한낮에 해가 땅과 가장 가까워요. 제 생각이 틀렸나요, 할아버지?"

공자는 그 아이 말에도 무릎을 치며 감탄했어.

"맞아, 내가 미처 생각을 못 했는데 네 말을 들으니 정말 그렇구나."

그러자 두 아이는 공자에게 다시 따지듯 물었어.

"할아버지, 둘 다 맞다고 하면 어떡해요."

공자는 아이들 질문에 대답하지 못하고 진땀만 흘렸다는구나.

공자를 쩔쩔매게 만든 두 아이가 놀랍지 않니? 두 아이는 나름대로 그럴싸한 근거를 가지고 자기 주장을 펼쳤지. 눈에 보이는 해의 크기와, 몸으로 느끼는 해의 온도를 바탕으로 해와 땅의 거리를 추리한 거야. 이처럼 추리력은 지식이나 인격만으로 쌓이지 않아. 어떤 현상을 꼼꼼히 관찰한 뒤 그 원인과 결과를 찬찬히 살피고 생각해 보는 습관을 길러야 쌓을 수 있는 힘이지.

명탐정이 되어 보자

'범인'을 '진리'로 바꾸어 생각해 봐. 네가 이루고 싶은 발명이나 도전 과제라고 생각해도 좋아. 이때도 추리력은 네가 문제를 풀어내는 데 가장 큰 힘이 될 거야.

요즘 네 또래 친구들에게 《소년 탐정 김전일》, 《명탐정 코난》 같은 만화가 참 인기더구나. 두 만화는 공통점이 있어. 어떤 사건에서 범인을 알 수 있는 단서는 전혀 없는데, 주인공이 나서서 멋진 추리력으로 사건을 해결하는 내용이라는 거지. 도저히 풀릴 것 같지 않던 사건을 놓고, 실낱 같은 단서를 따라 범인이 누구일지 추리하면서 읽다 보면 정말 침이 꼴딱꼴딱 넘어가곤 해.

이런 추리 만화는 추리 소설을 본뜬 거란다. 추리 소설 가운데 가장 유명한 주인공은 아마 셜록 홈스일 거야. 코난 도일이라는 작가의 손에서 탄생한 명탐정 셜록 홈스는 조수이자 의사인 왓슨과 함께 사건 현장에 뛰어들어 놀라운 추리력으로 사건을 해결해 내곤 하지. 셜록 홈스가 얼마나 인기 있었는지 보여 주는 일화는 아주 많아.

제2차 세계 대전 때 영국 사람들은 독일 비행기가 공습을 하면 땅속에 숨어 있을 수밖에 없었단다. 그럴 때 사람들은 무서움을 쫓으려고 책을 읽곤 했어. 어떤 책을 가장 많이 읽었느냐고? 그래, 바로 셜록 홈스 이야기란다. 전쟁의 두려움조차도 잊을 만큼 재미있다는 얘기지.

코난 도일은 셜록 홈스 이야기만 쓰는 게 지겨워지자 셜록 홈스를 죽이기로 결심했어. 그래서 오랫동안 맞서던 범죄 조직 우두머리와 싸우다가 낭떠러지에서 떨어져 죽는 걸로 끝을 맺었지. 독자들은 셜록 홈스가 죽자 큰 슬픔에 빠졌단다. 말도 안 된다며 믿지 않으려고도 했지. 결국 작가는 다시 셜록 홈스를 살려 내야만 했어.

또 코난 도일이 죽은 지 70년이 지난 지금도, 소설 속 셜록 홈스가 살던 주소로 편지가 온다고 해. 그 주소는 실제로 존재하지 않는데도 말이야.

이처럼 추리 소설이 인기를 끈 이유가 무얼까? 그건 네가 추리 만화를 보면서 느끼는 재미와 같은 걸 거야. 추리로 어떤 문제를 푸는 일에 흥미를 느끼는 건 아이고 어른이고 마찬가지거든. 어려운 추리를 하면서 머리를 끙끙대다가 그걸 풀었을 때의 기쁨이란! 문제를 풀지 못한다고 해도, 온 신경을 한곳에 집중해서 추리에 매달리는 것만으로도 얼마나 즐거운지 몰라. 그건 다른 동물에게는 없는, 인간만이 지닌 생각의 힘이란다.

어떻게 하면 추리력을 키워 명탐정이 될 수 있을까? 만화 속 주인공들이나 명탐정 셜록 홈스의 버릇을 잘 살펴보자꾸나.

그들은 무엇보다 특별한 눈을 지니고 있어. 남들이 그냥 지나치기 쉬운 단서를 재빠르게 낚아채지. 관찰력이 얼마나 중요한지 새삼 알 수 있는 대목이구나. 좀 다른 얘기지만, 만화에서는 독자들을 함정에 빠뜨리기 위해 좀 억지스럽게 단서를 감추곤 해. 그래서 주인공 또는 범인과 정정당당하게 추리력을 겨루지 못해 아쉬운 경우가 많아. 너도 그런 느낌을 받았다면 유명한 추리 소설을 읽어 봤으면 해. 만화책에서 느꼈던 아쉬움이 싹 가실 거야.

관찰력으로 단서를 모은 다음에는 흩어져 있는 단서를 묶어서 하나로 연결해야지. 이때가 중요해. 명탐정은 미리 범인을 정해 놓고 거기에 짜 맞춰 가지 않아. 그러다가는 자칫 감정이나 직감에 기대기 마련이거든. 그 반대로 범인이 아닌 사람을 차례로 가려내면서 마지막 남은 사람을 범인으로 지목하지. 아무리 대단한 명탐정도 범인을 한눈에 찾아낼 수는 없어. 오직 객관적인 단서를 바탕으로 가능성을 좁혀 가는 거란다. 이제 추리력이 얼마나 멋진 생각의 힘인지 알겠지?

그럼, 이제 '범인'을 '진리'로 바꾸어 생각해 봐. 네가 이루고 싶은 발명이나 도전 과제라고 생각해도 좋아. 이때도 추리력은 네가 문제를 풀어내는 데 가장 큰 힘이 될 거야. 객관적인 잣대로 가능성을 좁혀 가며 사건의 진실, 진리를 찾아가는 거지. 앞으로 네 앞에는 풀기 어려운 문제들이 곧잘 나타날 거야. 그럴 때 쉽게 포기하거나 감정에 치우쳐 맞서지는 마. 명탐정이 되어 멋진 추리력으로 차근차근 풀어 나가면 결국 해결하지 못할 문제는 없을 거라 믿어.

생각의 틀을 깨면 새로운 세상이 보여

여섯 번째 마당

내 안의 고정관념을 부숴라

꽉 막힌 생각,
뻥 뚫린 생각

틀에 박힌 생각은 그저 정해진 철로를 따라 달리는 기차와 다를 것이 없지.
그러나 길들여지지 않은 야생마는 푸른 벌판을 동서남북 가리지 않고 어디로든 달려갈 수 있단다.

지금부터 이야기를 하나 들려줄게. 내 이야기를 듣다가 말이 안 된다고 생각되는 대목이 나오거든 얼른 "잠깐!"이라고 소리치렴. 자, 이야기를 시작할 테니 잘 들어 봐.

길에서 끔찍한 교통사고가 났어. 자동차 한 대가 완전히 뒤집혔지. 사람들이 달려가 보니까, 아이가 피를 흘리며 "아빠, 아빠."하며 울고 있고, 운전석에 앉아 있던 남자는 죽어 있었어. 사람들은 아빠를 찾으며 우는 아이를 구급차에 싣고 근처에 있는 병원으로 달려갔단다. 병원에 도착하자마자 아이는 응급실로 옮겨졌지. 그리고 수술을 담당할 외과 의사가 급히 달려왔어. 의사는 들것에 실려 있는 아이에게 다가서다가 갑자기 비명과 함께 이렇게 소리질렀단다.

"빨리 다른 의사를 불러 줘요! 나는 이 아이를 수술할 수가 없어요. 이 아이는 내 아들이란 말예요!"

너 지금 "잠깐!"이라고 했니? 왜? 아하! 그 아이의 아버지는 조금 전에 교통사고로 죽었다고? 그런데 의사가 그 아이를 자기 아들이라고 했으니 말이 안 된다는 거지? 그 의사가 아이를 잘못 보았거나, 아니면 교통사고로 죽은 남자가 그 아이의 아빠가 아니라는 소리구나.

하지만 아니야. 이 이야기는 잘못된 곳이 없어. 왜냐 하면 그 외과 의사는 바로 아이의 어머니였기 때문이지. 외과 의사라고 하니까 너는 당연히 남자라고 생각했겠지. 그러니까 그 아이의 아버지가 두 사람일 리 없다고 생각한 거야. 나는 외과 의사라고만 했지 남자니 여자니 하는 건 밝히지도 않았는데, 너는 왜 의심도 하지 않고 외과 의사가 남자라고 생각했을까? 여자 외과 의사는 없는 걸까? 그렇지 않아. 여자도 얼마든지 외과 의사가 될 수 있고, 실제로도 있지. 그런데도 너는 왜 "잠깐!"이라고 했을까? 그것은 네 마음속에 외과 의사는 다 남자라는 생각이 꽉 들어차 있기 때문일 거야. 아무 근거도 없이 말이야.

그렇게 자신도 모르는 사이에 머릿속에 박혀 버린 생각을 '고정관념'이라고 해. 너도 모르는 사이에 그런 고정관념이 네 마음을 지배하고 있기 때문에 "잠깐!"을 외치게 된 거지. 그 외과 의사가 아이의 어머니라고 생각하면 아무것도 이상할 것이 없는 이야기인데 말이야.

고정관념은 나이를 먹고 이런저런 경험을 쌓아 갈수록 더 심해진단다. 너도 '어른들은 참 이상해.' 하고 생각할 때가 있지? 아마도 어른들이 고정관념에 빠져 있을 때 네가 잘 느끼는 감정일 거야. 어느 때에는 말도 들어 보지 않고 미리 야단부터 치기도 하지? 바로 이 고정관념 때문에 그런 경우가 많아.

네 친구 가운데 "계집애가 뭘 안다고 그래."라든가, "무슨 계집애들이 남자아이들처럼 공을 찬다고 야단이야."라고 말하는 친구가 있다면, 그 친구는 벌써 여자에 대한 고정관념이 생겼다는 증거야. 반대로 "남자가 돼 가지고 왜 씩씩하지 못해!"라고 몰아붙이는 여자아이들이 있다면, 이 또한 남자에 대한 고정관념이 뿌리를 내리고 있다는 증거이지.

드라마에서 남자아이가 우는 장면이 나오면 으레 이런 대사가 나오잖니.

"사내가 왜 울어, 바보처럼."

이런 말 뒤에는 '여자는 모두 울기 잘하는 약한 존재이며 바보이다.'라는 고정관념이 숨어 있다고 볼 수 있지. 하지만 남자보다 용감하고 훌륭한 여자가 얼마나 많은데.

유관순 할머니가 울기만 하는 바보였니? 아니지. 유관순 할머니는 3·1 운동 때 일본에 맞서 목숨까지 던질 정도로 용감한 사람이었잖아. 또 백 년 전쟁의 영웅인 프랑스의 잔 다르크도 조국을 지키기 위해 남자보다 더 용감하게 싸운 투사였지. 자식을 구하기 위해서 불 속으로 뛰어든 어머니의 이야기도 들은 적이 있을 거야.

6·25 전쟁 때 부산 자갈치 시장에서 장사한 사람들은 대부분 여자들이었지. 그 여자들은 난리 속에서 나약하게 울지 않고, 남자보다 더 강인하게 두 주먹을 쥐고 가족을 위해 가난과 싸운 용감한 전사들이었단다. 그 사람들 모습은 '여자란 남자가 벌어다 주는 돈으로 살림만 하는 존재'라는 그 시대의 고정관념을 깨뜨리기에 충분했지.

요즘은 남자들만 할 수 있다고 생각했던 직업이나 운동 경기에 여자들이 많이 등장하고 있어. 여자 소방대원, 여자 비행기 조종사, 여자 레슬링 선수, 여자 축구 선수……. 남자들이 하는 일이면 여자들도 얼마든지 할 수 있단다. 마찬가지로 전에는 여자들만 하던 간호사, 미용사 일을 요즘에는 남자들도 많이 하고 있잖니. 여자들만 가는 곳이라고 생각했던 미용실에서 남자들도 머리를 깎고 말이야.

남자는 할 수 있고 여자는 못하는 일, 또는 그와 반대로 여자는 할 수 있고 남자는 못하는 일이란 좀처럼 드물단다. 그런데도 이제까지 많은 사람이 그 사실을 인정하지 않았던 까닭은 스스로 만들어 놓은 생각의 틀 속에 묶여 있었기 때문이지.

고정관념이 좋지 않은 까닭은 사실과 다르게 머릿속에 박혀 있는 생각을 아무 의심 없이 행동으로 옮기게 하거나, 자신도 모르게 진실을 외면해 버리게 하기 때문이야. 실제로 미국에서 사람들이 얼마나 고정관념에 휩싸여 있는지 알아보기 위해 재미있는 조사를 한 적이 있단다.

어린아이에게 젖꼭지를 물리고 있는 할아버지 사진을 학생들에게 보여 주면서, 선생님이 이렇게 물었다는구나.

"이것이 무슨 사진이지?"

그런데 놀랍게도 거의 모든 학생이 흘끔 쳐다보고는 이렇게 대답하더라는 거야.

"엄마가 아기에게 우유 먹이는 사진이에요."

선생님이 다시 한 번 사진을 내밀고 물었대.

"자, 자세히 보렴. 엄마가 확실하니?"

그제야 학생들은 "어, 할아버지네. 난 엄마인 줄 알았지." 하더라는 거야.

처음부터 할아버지를 찍은 사진이었는데도 학생들은 아기에게 젖을 먹이는 사람은 어머니라는 생각만 갖고 있었기 때문에 자세히 들여다볼 생각조차 하지 않았던 거지. 너도 그와 비슷한 고정관념을 갖고 있지 않은지 한번 확인해 볼까?

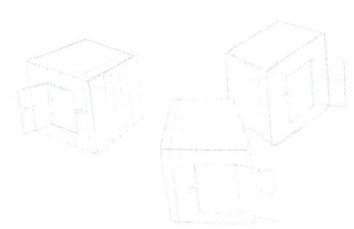

자, 뱀과 그 뱀의 혀를 그린 다음 색칠해 보자. 너는 뱀 혓바닥에 무슨 색깔을 칠했니? 붉은색이라고? 그래, 너뿐만 아니라 많은 아이, 심지어는 어른들까지 너처럼 붉은색을 칠하곤 해. 하지만 동물원에 가거든 잘 살펴보렴. 뱀의 혀는 붉은색이 아니라 검정색이야. 그런데도 만화나 그림에 나오는 뱀의 혀는 붉게 칠해 있기 일쑤이지. 이렇게 한번 잘못 박힌 생각은 오래오래 고쳐지지 않는 법이야. 생각도 길들여지기 때문이지.

짐승들을 보렴. 산짐승과 집에서 기르는 가축은 다르잖아. 같은 짐승이지만 가축은 사람들이 길을 들인 거지. 그래서 야생 동물과 모습은 비슷해도 성격은 아주 다르단다. 개와 늑대, 그리고 집돼지와 멧돼지를 비교해 보면 알 거야.

집에서 기르는 개 중에는 조금만 추워도 감기에 걸리는 녀석들이 많지. 집돼지는 주는 것만 받아먹을 줄 알지 스스로 먹이를 찾을 능력은 없어. 그러나 산속이나 들판에서 홀로 먹이를 찾아다니는 늑대나 멧돼지는 개나 집돼지보다 훨씬 냄새도 잘 맡고 빨리 달려. 길들여지지 않고 거친 자연환경에 잘 적응하며 살아간단다.

우리 인간의 마음이나 생각도 길들여지고 때 묻고 습관화되면 가축처럼 나약해지게 마련이야. 흔히 '누구누구는 얌전하다.'는 말을 칭찬으로 쓰지 않니? 그렇지만 얌전하다는 것은 때로는 틀 속에 갇혀 있다는 이야기도 된단다.

틀에 박힌 생각은 그저 정해진 철로를 따라 달리는 기차와 다를 것이 없지. 그러나 길들여지지 않은 야생마는 푸른 벌판을 동서남북 가리지 않고 어디로든 달려갈 수 있잖아. 누가 등에 올라타고 채찍을 휘두르지 않아도 야생마는 혼자서 마음대로 벌판을 달리지. 바람처럼 자유롭게 말이야. 생각도 그렇게 자유로워야 새로운 것을 창조해 낼 수 있지 않겠니?

고정관념이라는 것은 우리 눈을 가리는 눈가리개와도 같단다. 그 고정관념에서 벗어나야 비로소 세상을 바로 보고 제대로 판단할 수 있는 힘이 생기는 거야.

너도 안데르센의 동화〈벌거벗은 임금님〉을 읽은 적이 있겠지? 그 동화를 보면 허영이 많은 임금님 앞에 사기꾼들이 나타나 어리석은 사람 눈에는 보이지 않는 신기한 옷감으로 옷을 지을 수 있다고 말하지. 임금님은 많은 돈을 주고 그들에게 옷을 짓게 하고, 결국 신비로운 옷을 입었다고 믿으며 당당하게 거리를 행진해. 그런데 신하들도 또 세상 사람들도 임금님이 벌거벗었다는 말을 하지 못했어. 눈에 보이지 않는 가짜 옷이었지만, 남들이 다 아름답다고 하니까 그 누구도 감히 임금님이 벌거벗었다는 말을 입 밖에 내지 못했던 거야. 아니, 엄두를 못 낸 것은 고사하고 모두들 "그래, 참 아름다운 옷이구나." 하고 거짓으로 감탄까지 했어.

그때 군중 속에 있던 한 어린아이가 "임금님이 벌거벗었네."라고 자기가 본 대로 소리쳤어. 그제야 어른들도 "그래, 임금님은 벌거벗었어."라고 외치기 시작했지.

〈벌거벗은 임금님〉은 세계적으로 널리 알려진 동화야. 왜 이 이야기가 이렇게 유명해졌을까? 이 이야기 속에는 진실이 담겨 있기 때문이야. 고정관념에 사로잡혀 있는 사람들은 자기가 보고 느끼고 생각한 것을 제대로 표현하지 못해. 게다가 뭔가를 의심하다가도 자기 생각이 오히려 더 잘못되었을지 모른다고 지레 고정관념에 기대고 말지. 또는 자기가 보고 느낀 것을 말하다가 창피를 당할까 봐 입을 열지 못하는 경우도 있고 말이야.

그런데 오직 어린아이만이 진실을 이야기할 수 있었던 이유는 무엇일까? 고정관념이 없었기 때문이야. 으레 그러려니 하는 생각, 남들이 다 그렇게 생각하고 말하면 자기도 모르게 덩달아 그렇다고 믿어 버리는 것, 그것이 고정관념이거든. 고정관념이 굳어지면, 이 동화처럼 자기 눈에는 임금님이 벌거벗은 게 보이는데도 남들의 거짓말에 맞장구를 치게 되는 거란다. 네 눈이 지식을 쌓은 학자들이나 세상 경험을 많이 한 어른들보다 때로는 사물을 더 올바르게 볼 수 있는 것도, 아직은 고정관념에 사로잡혀 있지 않기 때문이야.

내 안의 고정관념을 부숴라

콜럼버스가 아메리카 대륙을 발견하는 데 가장 큰 힘이 된 것은, 사람들 마음속에 지니고 있던 '생각의 틀'을 깨뜨린 용기였어.

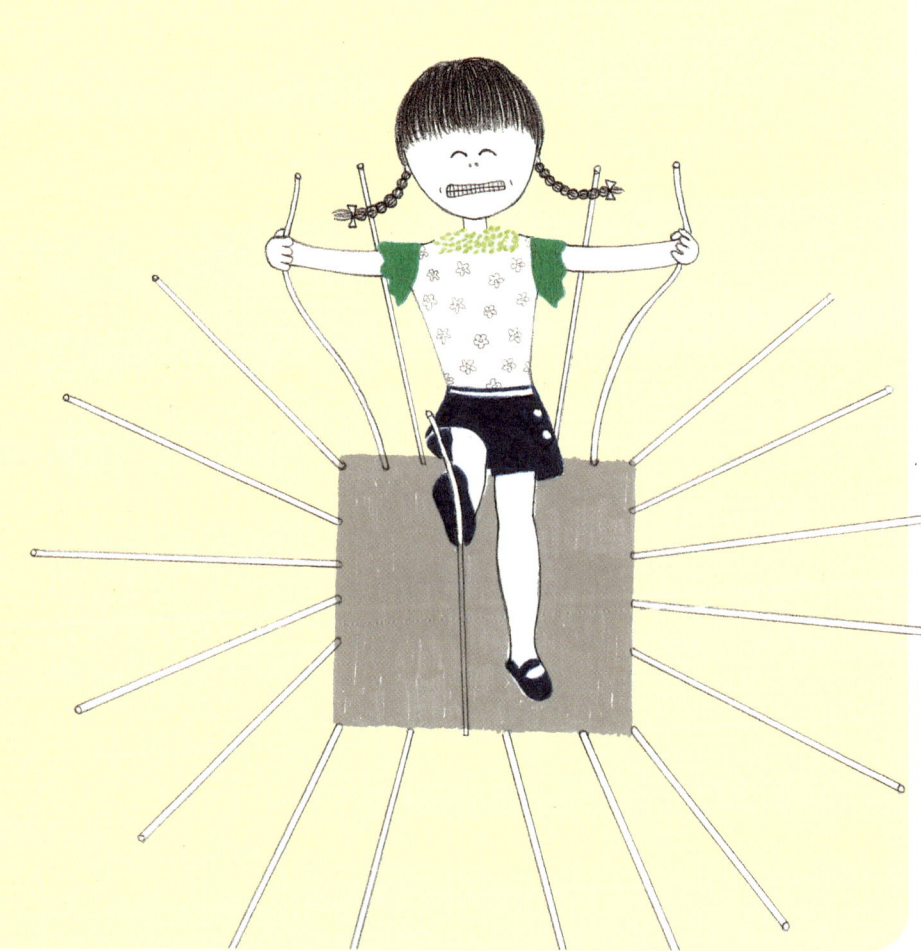

콜럼버스 알지? 서양인 최초로 아메리카 대륙에 첫발을 내딛은 사람 말이야. 콜럼버스의 이름이 인류 역사에 영원히 남게 된 것은, 그가 엄청난 폭풍우, 까닭 모를 풍토병, 그리고 망망한 바다에 대한 공포심과 싸워 이겼기 때문만은 아니야. 그런 이유 때문이라면 콜럼버스보다 더 용감하고 훌륭한 사람들이 얼마든지 있으니까 말이야.

콜럼버스가 훌륭한 까닭은 당시의 고정관념과 싸워서 이겼기 때문이란다. 콜럼버스가 아메리카 대륙에 도착하기 전까지만 해도, 지중해의 끝인 지브롤터 해협의 암벽에는 "더 이상 넘어가지 마라."는 글귀가 새겨져 있었어. 그 시대에 모든 유럽 사람은 그곳이 지구의 끝이라고 생각했지. 선원들조차 그 글의 내용을 의심하지 않았다고 하는구나. 그래서 헤라클레스가 박았다고 전해져 온 지브롤터 해협의 그 암벽을 오랫동안 아무도 넘어가려는 생각을 하지 못했어.

그런데 콜럼버스가 '더 이상 넘어가지 마라. 여기는 지구의 끝이다. 더 이상 가면 배가 지구 밖으로 굴러떨어질 것이다.'라는 고정관념을 과감하게 깨뜨린 거야. 콜럼버스는 배를 몰아 앞으로 앞으로 나아갔어. 그러고는 결국 아메리카 대륙을 발견하게 되었지.

콜럼버스가 아메리카 대륙을 발견하는 데 가장 큰 힘이 된 것은, 사람들 마음속에 있던 '생각의 틀'을 깨뜨린 용기였어.

콜럼버스가 아메리카 대륙을 발견하고 돌아오자 환영 잔치가 열렸어. 그러나 그를 시기하는 사람들은 이렇게 수군거렸어.

"별것 아니라고. 단지 서쪽으로 곧장 간 것뿐이잖아. 누구든 그렇게만 가면 신대륙을 발견할 수 있었을 거야."

그 말을 들은 콜럼버스는 식탁에서 일어나 달걀 하나를 들어 보이며 그 자리에 모여 있던 사람들을 향해 말했단다.

"여러분 가운데 이 달걀을 세울 수 있는 사람이 있다면 상금을 주겠소."

그러나 아무도 달걀을 세우겠다고 나서지 않았어.

둥그런 달걀을 세울 수 있다고 생각한 사람이 없었기 때문이지.

그러자 콜럼버스가 "그러면 내가 세워 보겠소."라고 말하고는 달걀을 톡톡 두드려 납작하게 찌그러뜨린 다음 식탁 위에 세웠단다. 그걸 본 사람들이 "애걔! 그렇게 하면 누가 못해."라고 떠들어 댔지. 사람들이 조용해지자 콜럼버스는 이렇게 말했단다.

"남이 해 놓고 나면 다 쉬워 보이는 법이지요."

콜럼버스는 달걀을 세워 보임으로써 고정관념을 깨뜨리는 일이 쉽지 않다는 사실을 알려 주었던 거지. 사람들은 달걀이 서지 못한다는 생각에 사로잡혀 있었어. 콜럼버스가 달걀을 깨뜨리면 안 된다고 말한 적이 없는데도 말이지. 사람들은 달걀을 깨뜨리지 않고 세워야 한다는 제약을 스스로 만들어 놓고, 그 생각의 틀 속에 자신을 가두어 놓았던 거야.

이처럼 우리를 가두고 있는 창살은 밖에 있는 것이 아니라 자기 마음속에 있는 것인지도 몰라. 자유로운 사고를 방해하는 창살 말이야. 이 고정관념이란 것이 얼마나 무서운지 아니? 남들보다 자유로운 생각을 했다는 콜럼버스도 도미니카의 산토도밍고에 상륙했을 때 귓가에 지저귀는 새소리를 듣고는 이렇게 썼다는구나.

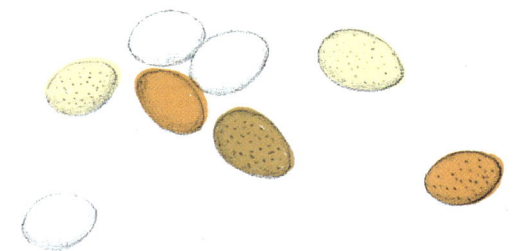

"종달새가 울고 있다. 에스파냐의 종달새보다 몇 배나 아름다운 소리다."

사실 그곳에는 종달새가 없었어. 그런데도 콜럼버스는 울음소리가 비슷하다는 이유로 종달새일 거라고 생각한 거지. 실제로는 콜럼버스가 한 번도 보지 못한 새였는데 말이야. 마치 젖꼭지를 물리고 있는 할아버지 사진을 보고서 어머니라고 생각한 미국 학생들처럼.

다행히 네 나이 또래는 고정관념에 덜 길들여져 있을 때야.

아직 고정관념의 주름살이 깊지 않은 순수한 마음을 지니고 있을 때 자유롭게 생각하고 상상의 날개를 활짝 펴 보는 거야. 그래서 너를 가두려 드는 고정관념의 울타리를 부수고, 너를 묶어 두려는 고정관념의 말뚝을 뽑아 버리고, 자유롭게 훨훨 날아 보렴.

고정관념과 싸워서 그 뿌리를 캐내고 창살을 부수는 순간 갇혀 있던 갑갑한 새장을 벗어나 하늘을 나는 자유를 맛보게 될 거야.

일곱 번째 마당

숨은 그림 찾기, 상징

'삼어도' 속에 담긴 조상들의 지혜

상징은 어떤 한 사람이 만들어 낼 수는 없어.
많은 사람이 그 안에 담긴 뜻을 알고 동의해야 비로소 상징이 되는 거지.

박물관에 가면 오래된 병풍이나 옛날 그림을 한번 자세히 살펴봐. 거기 그려진 나비나 새가 몇 마리인지 세어 볼래? 모두 짝으로 그려져 있지? 우리나라를 비롯한 동양 사람들은 이렇게 나 하나만이 아니라 너와 내가 만나 관계 맺는 것을 중요하게 생각했단다.

동양 문화가 짝의 문화라면, 개인을 앞세우는 서양 문화는 외톨이 문화라고 할 수 있어. 그렇다고 해서 서양 사람은 모두 짝을 싫어하고 동양 사람은 모두 외톨이를 싫어한다는 뜻이 아니야. 문화의 테두리가 그렇다는 이야기이지.

동양 사람들은 이렇게 병풍에 꼭 짝을 지어 그림을 그려 넣었는데, 이상하게도 이 동물만은 홀수로 그려 넣었어. 그게 뭔지 한번 찾아볼래? 맞아, 물고기야. 물고기는 꼭 세 마리를 그려 넣었단다. 특히 공부하는 선비가 있는 집에는 꼭 물고기 세 마리가 그려진 병풍을 세워 두었지. 이렇게 물고기 세 마리가 그려진 그림을 '삼어도'라고 해.

정말 이상하지 않니? 왜 하필이면 세 마리를 그렸을까? 물고기 세 마리에 무슨 뜻이 담겨 있을까?

물고기 세 마리를 한자로 나타낸 '삼어'는 중국말 '삼여'와 발음이 비슷해. '삼여'가 뭐냐고? 일을 하지 않고 쉴 때 우리는 '여가를 즐긴다.'라고 하지? '여가'에서 '여'는 '넉넉하다'거나 '여유롭다'는 뜻이야. 그러니까 삼여는 세 가지 한가로운 시간을 말하지. 그런데 '세 가지 여가'를 그림으로 나타내기가 참 어려워. 여가라는 것은 눈에 보이지 않잖아. 그래서 이렇게 발음이 비슷한 세 마리 물고기, '삼어'를 그리고 '삼여'라는 뜻으로 풀이했던 거란다.

그러면 세 가지 여가란 무엇일까? 첫째는 하루의 제일 마지막인 밤을 말한단다. 사람이 아무리 바빠도 잠잘 시간은 남지. 둘째는 봄 여름 가을 겨울 중에서 계절의 끝인 겨울을 말해. 겨울에도 역시 여가가 생겨. 봄에는 씨를 뿌리고, 여름에는 김을 매고, 가을에는 곡식을 거두어들이지. 하지만 추운 겨울에는 바깥에 나가서 농사를 지을 수가 없잖아. 그러니 농사를 짓는 사람에게는 겨울이 가장 일이 없는 한가한 때이지. 마지막은 바로 비가 오는 날이란다. 비가 오는 날에는 바깥에 나가 일을 볼 수가 없어. 그러니 집에서 여가를 즐기는 수밖에.

정리를 한번 해 볼까. 밤, 겨울, 비 오는 날. 아무리 바쁘게 열심히 일하는 사람이라도 이 세 가지 여가 시간에는 아무래도 쉬게 되지.

여기서 중요한 건 학문을 배우는 사람은 남들이 쉬는 세 가지 여가 시간도 아껴서 열심히 공부해야 한다는 거야.

'삼여'라는 말이 생긴 건 아주 오래전이란다. 옛날에 한 농사꾼이 학식이 높은 선비를 찾아가서 물었어.

"선비님, 저도 선비님처럼 훌륭한 학자가 되고 싶습니다. 좀 가르쳐 주십시오."

그 말을 듣고 선비가 대답했지.

"그것은 누가 가르쳐 주는 것이 아니라, 책을 백 번 이상 거듭 읽으면 스스로 터득할 수 있는 것이니라."

"선비님, 저는 낮에는 농사를 지으니 너무 바빠서 책을 읽을 틈이 없습니다. 그러니 대신 선비님께서 읽은 책의 내용을 말씀해 주세요."

농부의 말에 선비는 호통을 쳤어.

"이놈, 그것은 다 꾀부리는 말이니라."

선비는 농부에게 '삼여' 이야기를 해 주었단다.

"아무리 바빠도 사람에게는 세 가지 여가가 있느니라. 남이 잠잘 때 공부하고, 겨울철 남들은 노름이나 하며 빈둥빈둥 놀 때 공부하고, 또 비가 오면 공연히 비 오는 것을 쳐다보며 군것질만 할 것이 아니라 그 시간에 책을 읽으면 되는 것이지."

이처럼 우리 조상들은 "너 공부하지 않고 뭐하니? 열심히 해야지." 이렇게 직접적으로 이야기하지 않고, 물고기 그림을 통해서 간접적으로 이야기했던 거야. 그 뜻을 깨닫고 받아들인 사람은 열심히 공부해서 과거 시험을 잘 보았겠지?

여기까지가 빛바랜 옛날 병풍 속 물고기 세 마리 그림에 담겨 있는 조상들의 깊은 뜻이야. 세 마리 물고기의 뜻, 세 가지 여유 있는 시간에 늘 책을 가까이하고 깊은 생각을 가지라는 것이지. 정말 의미 있는 그림이지?

이처럼 어떤 뜻이나 가치를 구체적인 모양이나 물건, 기호로 나타내는 걸 상징이라고 해. '삼어도'에서 보듯이 상징은 아주 많은 생각과 이야기를 줄여서 간단하게 보여 줄 수 있어. 상징은 어떤 한 사람이 만들어 낼 수는 없어. 많은 사람이 그 안에 담긴 뜻을 알고 동의해야 비로소 상징이 되는 거지. 따라서 상징 안에는 인류의 오랜 역사가 담겨 있단다.

★은 이루어진다

모든 상징에는 다양한 뜻과 역사가 담겨 있어.
상징을 어떤 의미로 받아들이냐에 따라 우리 생각까지 달라진단다.

卍— 이렇게 생긴 문양을 본 적이 있니? 그래, 이 문양은 절에 가면 쉽게 볼 수 있지. 불교에서 卍은 부처의 가슴이나 손에 나타나는 문양으로, 사람들은 이게 나쁜 기운을 물리친다고 믿었단다. 또 세상 모든 것이 흐르는 물처럼 자연스럽게 순환하는 걸 나타내기도 하지.

그런데 卍은 불교가 생겨나기 전부터 쓰이던 문양이었어. 고대 인도에서는 태양신 비슈누를 뜻하는 문양으로 쓰였지. 비슈누의 가슴에 난 털 모양과 닮았다나 뭐라나. 또 서양에서는 卍 뒤집은 모양(卐)을 주로 써 왔어. 이걸 세계의 중심에서 나뭇가지 네 개가 뻗어 나간 모양으로 생각했단다. 네 개의 나뭇가지는 저마다 물, 불, 흙, 공기를 나타내. 서양 사람들은 이 네 원소가 서로 어울려 순환하면서 세상을 만들어 냈다고 믿었어.

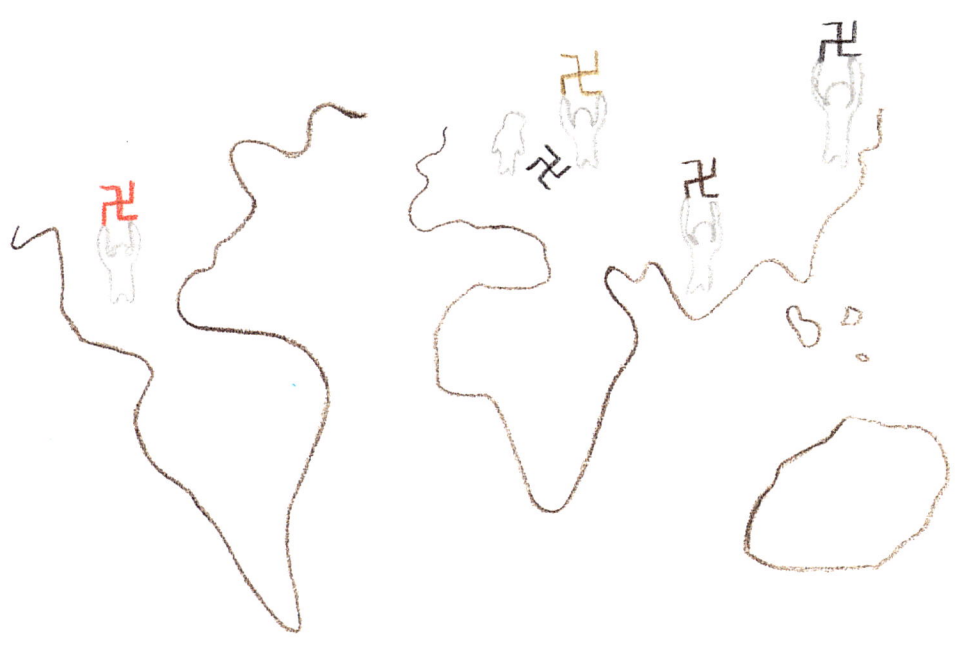

이처럼 卍은 동양과 서양 모두에서 세상의 이치를 설명하는 상징으로 쓰여 왔어. 말하자면 세상 이치를 깨우치는 지혜의 상징이었지.

그런데 어느 때부턴가 서양에서는 卍 문양을 아주 무서워하고 아예 머릿속에서 지우려 했단다. 그건 바로 제2차 세계 대전을 일으킨 나치 때문이야. 너도 알겠지만, 나치는 자기 민족이 가장 뛰어나다는 생각으로 주변 나라를 침공하고 유대인을 학살했잖아. 그런 나치가 卍 문양을 자신들을 나타내는 상징으로 삼았기 때문에 서양에서는 卍 문양을 잊고 싶어한 거지.

덕분에 한때 卍 문양은 공포의 상징이었지. 제2차 세계 대전이 끝나고 나치가 사라졌는데도 그 상처는 쉽사리 아물지 않았어. 유럽 사람들은 나치와 관련된 모든 기억을 머릿속에서 지우고 싶어했단다. 그래서 卍 문양도 서양에서 자취를 감추고 말았지.

어때, 문양 하나도 서로 다른 상징으로 풀이된다는 사실이 놀랍지 않니? 또 다른 예를 보자.

2002년 월드컵 축구 경기 때 생각나니? 우리나라는 '★은 이루어진다.'는 표현을 많이 썼잖아. '★'은 '꿈'으로 풀이했지. 이때 '★'에서 '별'을 떠올리는 건 그리 어려운 일이 아니야.

그런데 말이야, 우리는 언제부터 '★'을 별을 상징하는 문양으로 받아들였을까? 아주 오래되었을 거라고? 아냐, 그렇지 않아. ★은 본디 서양에서 별을 상징하는 문양이고, 이게 우리나라에 들어온 지는 아무리 길어도 50년밖에 안 되었어.

★은 사람이 두 손과 두 발을 벌리고 서 있는 모양이야. 서양에서는 별을 큰 우주, 사람을 작은 우주라고 여겼단다. 그러니 별을 그릴 때 사람 모양을 본뜬 문양을 집어넣어도 하나 이상할 게 없지. 이렇듯 ★에는 서양 사람들이 생각한 우주관, 곧 사람을 중심으로 생각하는 철학이 담겨 있어.

그럼, ★ 상징이 들어오기 전에 우리나라에서는 별을 어떻게 나타냈을까? 고구려 벽화에는 별들을 둥근 단추 모양으로 그려 놓았어. 그냥 눈에 보이는 대로 정직하게 나타낸 거지. 여기에는 별과 사람이 저마다 다른 존재이면서 큰 우주 질서의 한 부분이라고 여긴 동양의 우주관이 담겨 있단다.

우리나라 사람들은 처음 ★ 문양을 보았을 때 '꽃'으로 여겼지. 성조기에 그려진 ★을 보고는 미국을 '화기국', 곧 꽃 모양 국기를 가진 나라라고 불렀어. 하지만 서양 문물이 들어오고 서양 교육 제도가 자리를 잡으면서 ★을 별을 뜻하는 상징으로 받아들이게 되었지. 어디 ★뿐이겠니. 심지어는 미국을 상징하는 대머리 독수리는 알면서도, 우리 민족을 상징하는 삼족오는 모르는 지경에 이르렀지. 서양의 상징을 받아들이면서 우리는 알게 모르게 서양의 생각에 길들여진 거야. 아마 네 친구들 중에도 중국, 일본, 베트남보다 훨씬 멀리 떨어져 있는 미국, 영국, 프랑스를 더 가깝게 느끼는 친구들이 많을걸.

모든 상징에는 이처럼 다양한 뜻과 역사가 담겨 있어. 따라서 상징을 어떤 의미로 받아들이느냐에 따라 우리 생각까지 달라진단다. 그렇다고 이제부터 별을 단추 모양으로 그리자는 이야기가 아니야. 서양의 상징을 아는 만큼 우리 민족이 본디 지닌 상징들도 함께 알아 가자는 얘기지. 양쪽 모두의 눈길로 상징을 바라보고 균형을 잡는 게 필요해.

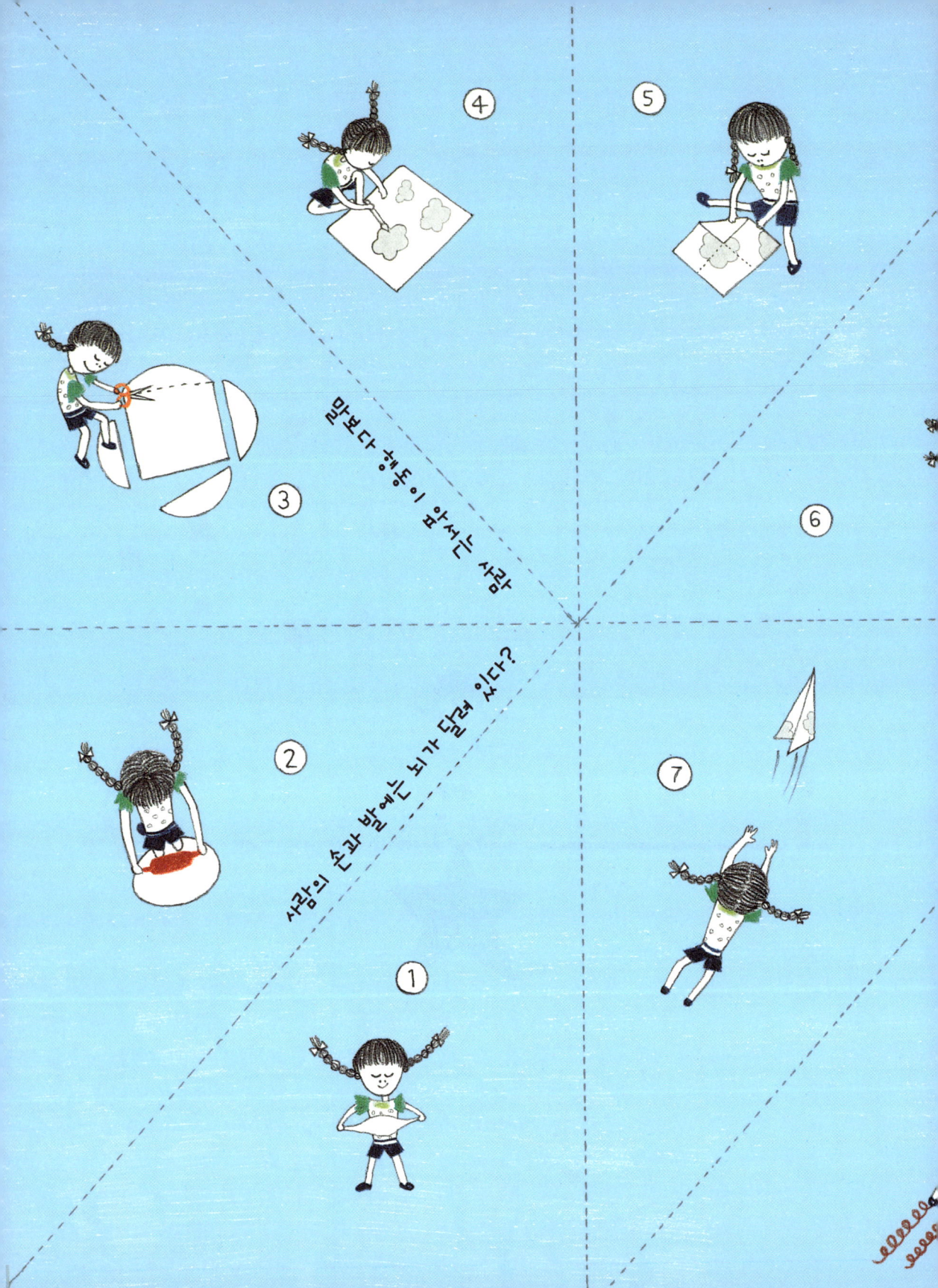

행동이 생각을 이끈다

여덟 번째 마당

⑪
⑨

⑧
⑩

사람의 손과 발에는 뇌가 달려 있다?

수백만 년 세월을 거치면서 생각을 강물처럼 넘쳐흐르게 한 건 결국 인간의 손과 발과 행동이야.

'생각'에 대해 생각해 본 적 있니? 눈을 감고 한번 생각해 봐. 생각은 형체가 없어. 손으로 잡을 수도, 냄새를 맡을 수도 없지. 무언가 퍼뜩 떠올랐다가도 금세 연기처럼 사라져 버리곤 해. 하지만 생각은 아주 큰 힘을 지니고 있어. 사람이 뭇 동물들과 다른 결정적인 이유가 바로 생각을 할 수 있다는 거야. 이토록 찬란한 인류 문명을 만들어 낸 것도 생각의 힘에서 비롯되었지. 참 아리송하단 말이야. 생각은 도대체 무얼까? 생각은 어디에서 왔을까? 사람은 어떻게 생각을 할 수 있게 되었을까?

우리 같이 '생각'이 시작된 곳을 찾아 여행을 떠나 볼까? 아주 먼 시간 여행이 될 테니 마음을 단단히 먹는 게 좋을 거야. 우리는 지금 타임머신을 타고 아주 먼 과거로 시간을 거슬러 올라가고 있어. 왕이 나라를 다스리던 시대, 철기와 청동기와 문자를 쓰기 시작하던 시기, 움막이나 동굴에서 지내며 사냥으로 먹고살던 때를 훌쩍 넘어서고 있어. 타임머신이 도착한 곳은 3백만 년 전, 아프리카의 어느 울창한 초원이야. 지구는 공룡의 시대가 지나고 새로운 생명들이 기지개를 켜고 있었지. 특히 포유류는 지구의 새 주인으로 빠르게 자리 잡았고, 그중에 유인원도 끼어 있었어.

저기 나무숲 사이를 자세히 살펴봐. 온몸이 털로 부숭부숭한 유인원 무리가 어디론가 가고 있어. 그들은 날카로운 이빨이나 손톱, 힘센 근육도 갖지 못했지. 그래서 늘 맹수들의 먹잇감이 되곤 했어. 그런데 이들은 여느 동물들과 좀 다른 점이 눈에 띄는구나. 이따금 네 발이 아니라 두 뒷다리로 서기도 하고, 어떤 녀석들은 두 발로 선 채 앞다리로는 나뭇가지 같은 걸 쥐고 있기도 하네. 자세히 봐 둬. 저 조그마한 행동이 훗날 다른 동물들과 엄청난 차이를 불러오니까 말이야.

사람이 어떻게 두 발로 걷게 되었는지는 아직 밝혀지지 않았어. 아마 주변에 맹수가 있나 더 멀리 살피려고 그랬겠지. 네 발 동물들 가운데도 가끔 그런 행동을 하는 동물들이 있잖아. 하지만 늘 두 발로만 걸어 다니는 건 아주 힘들어. 아기들이 기다가 두 발로 서서 걷기까지 얼마나 많이 넘어지고 다치는지 보면 알지. 최첨단 로봇을 봐도 두 발로 걷는 모습이 아주 엉성하잖아. 두 발로 걷기 위해서는 수천 수만 개 근육과 힘줄이 한꺼번에 어울려 움직여야 해. 그러니 네 발 동물들이 두 다리만으로 서서 생활하기란 거의 불가능한 일이야.

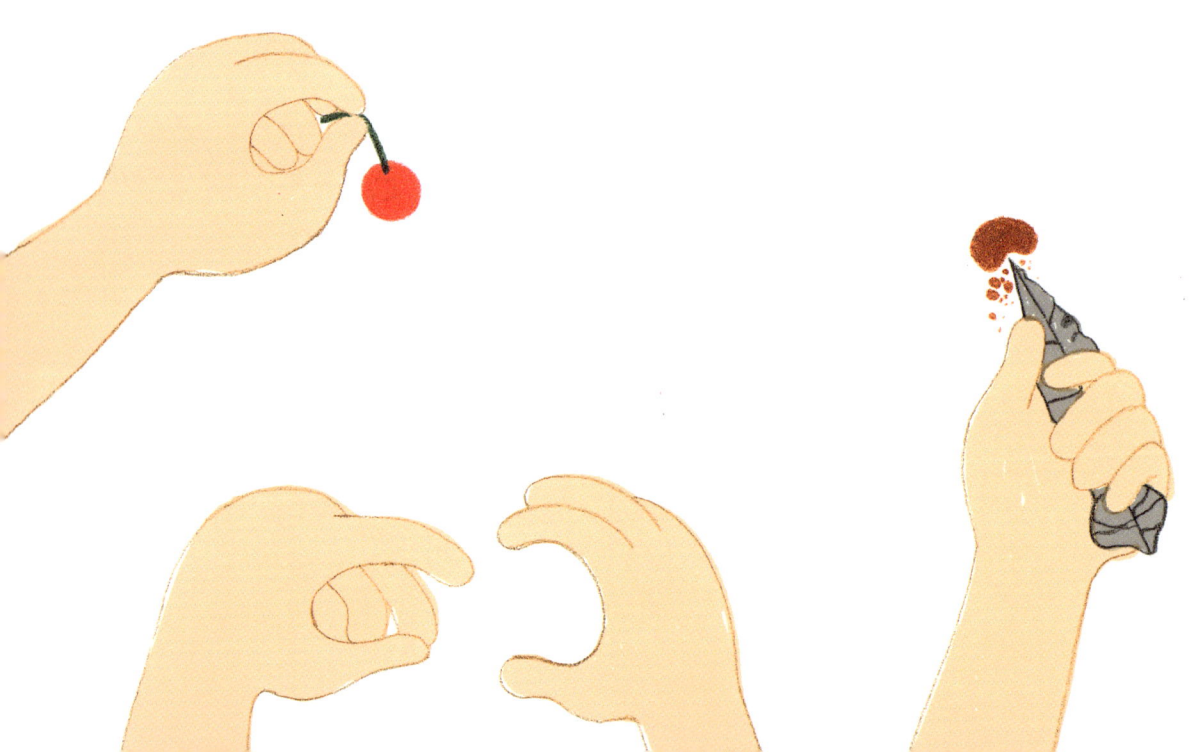

어쨌거나 두 발로 서고 보니 어라, 손이 남았네. 남는 손으로는 무얼 하지? 인류는 두 손으로 열매를 따고, 서로의 몸을 매만졌어. 그러고는 차츰 손의 쓸모를 늘려 나뭇가지나 돌멩이를 다루게 되었지. 이렇게 도구를 사용하게 되면서 여느 동물들과는 다른 '생각'도 조금씩 뿜어 나오기 시작했어. 예를 들어 나뭇가지를 잡고 열매를 따는 행동은 최소한 동시에 두세 가지 생각을 해야 가능한 일이야. 그저 단순한 감정을 느끼고 본능에 따르던 데서 벗어나 뭔가 복합적인 생각을 하게 되었다는 얘기지. 이렇게 도구를 사용하게 된 인류를 일컬어 호모 하빌리스라고 해.

손은 갈수록 복잡하고 섬세한 작업을 하게 되었단다. 돌이나 나뭇가지를 날카롭게 갈아서 사냥을 하고, 옆 동료에게 손짓으로 신호를 보내게도 되었지. 이제부터는 너에게도 낯익은 이름들이 나와. 칼, 도끼, 활과 화살이 등장하고 괭이, 호미, 항아리, 수레, 배가 나오고 드디어 문자도 탄생하지. 문자의 발명은 호랑이 등에 날개를 달아 준 셈이었어. 그 뒤로 자동차, 라디오, 텔레비전, 컴퓨터, 비행기, 우주선 같은 물질문명이 기껏 몇 백 년만에 만들어졌지.

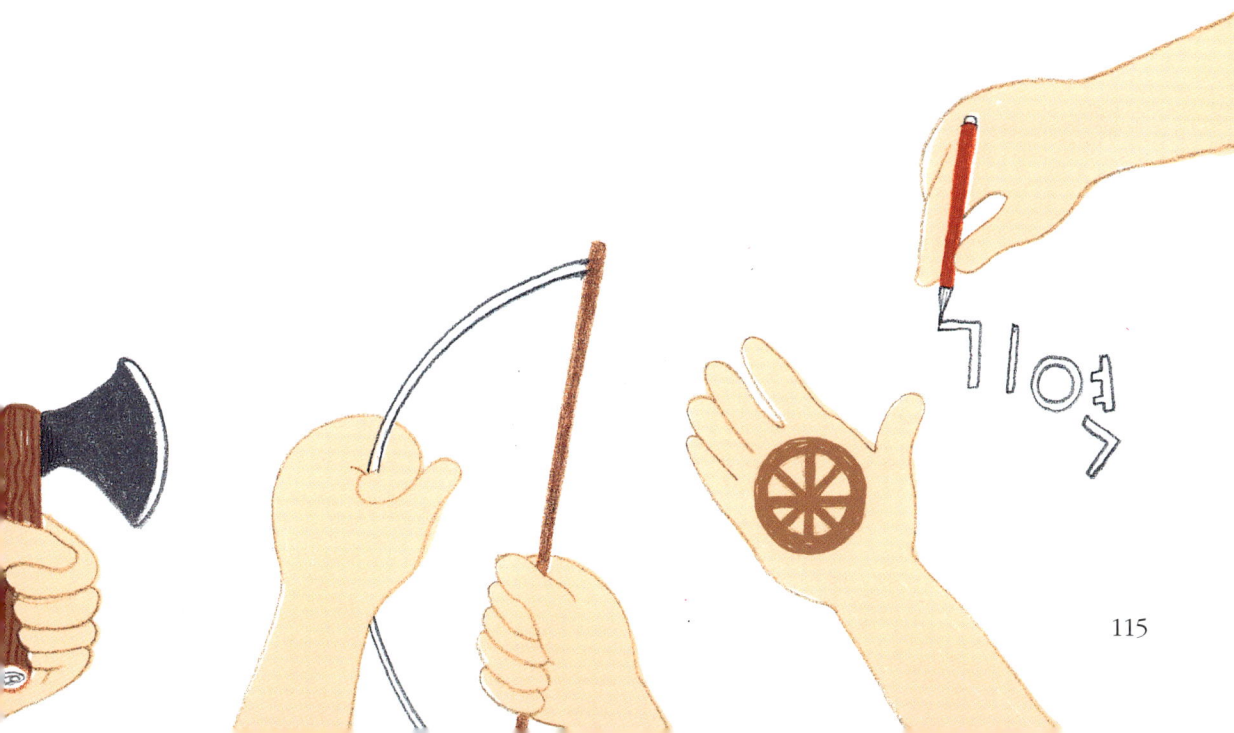

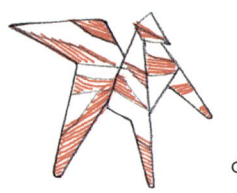
처음에 연기처럼 흐릿하던 생각이 어떻게 물방울처럼 또렷해졌는지는 아직 아무도 몰라. 그거야말로 이 세상을 만든 조물주의 뜻이겠지. 하지만 수백만 년 세월을 거치면서 물방울처럼 자그맣던 생각을 강물처럼 넘쳐흐르게 한 건 결국 인간의 손과 발과 행동이야. 저 먼 옛날 두 발로 서게 된 누군가가 손으로 무언가를 잡은 그 자그마한 행동이 없었다면 생각의 힘을 기를 수도 없었을 테고, 그렇다면 지금의 인간이 없었을지도 몰라.

우리가 흔히 착각하기 쉬운 것 가운데 하나가 생각이 행동을 이끈다는 거야. 하지만 실제로는 그 반대인 경우가 많지. 세상에 처음 사탕이 만들어지는 순간을 한번 떠올려 봐. 여기 설탕을 담은 그릇이 있어. 그런데 그 근처에 불이 나서 설탕이 모두 녹고 말았지 뭐야. 사람들은 딱딱하게 굳은 설탕 덩어리를 이제 쓸모없다며 버리려고 했어. 그런데 누군가가 이걸 입안에 넣고 빨아 먹었더니 제법 맛있는 거야. 그래서 다음번에는 일부러 설탕을 녹여 딱딱한 덩어리를 만들었어. 그러고는 이걸 '사탕'이라고 이름 붙였지. 딱딱한 설탕 덩어리가 우연하게 생기기 전에는 '사탕'이라는 건 생각하지도 않았다는 얘기야.

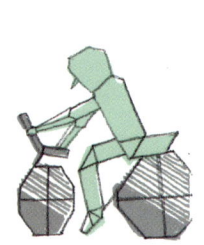

종이비행기도 마찬가지지. 어떤 아이가 쓰다 남은 종이를 매만지며 놀고 있어. 이전에는 '종이비행기'가 없었으니 그걸 만들려는 생각도 하지 못했지. 그러다가 우연히 몇 번 이리저리 접으니까 새 날개처럼 종이가 접혀 있는 거야. 그걸 날려 보았더니 하늘을 나는 게 아니겠어? 그래서 다음번에는 '종이비행기를 만들 거야.'라고 생각하며 종이를 접게 되었지.

이처럼 인류가 생각의 강물을 이루어 내는 데는 손과 발을 움직여 행동하는 것이 결정적인 역할을 했단다.

말보다
행동이 앞서는 사람

머릿속에 아무리 근사한 생각이 있더라도 그걸 나타내 보이지 못하면 아무런 의미가 없지.

옛날 중국 한 마을에 태형과 왕옥이라는 두 산이 있었어. 이 두 산은 크기가 엄청나서, 둘레만도 7백 리나 되었단다. 7백 리면 280킬로미터 정도쯤 돼. 실감이 안 난다고? 이 정도면 우리나라 서쪽 끝에서 동쪽 끝까지 거리보다 더 멀어. 그만큼 어마어마하게 큰 산이었지.

이 산기슭 북쪽 마을에 우공이라는 노인이 살고 있었어. 우공이 사는 마을에서 옆 마을로 가려면 산을 돌아서 다녀야만 했지. 어마어마하게 큰 산을 돌아서 다니자니 여간 불편한 일이 아니었어. 게다가 산이 집 앞을 가리고 있어서 늘 답답한 느낌이 들었지. 그러던 어느 날 우공은 드디어 어떤 결심을 내렸단다. 태형과 왕옥, 이 두 산을 다른 데로 옮기기로 한 거야.

당시는 기계가 없던 시절이라 산을 옮기려면 흙을 한 삽 한 삽 퍼서 지게에 짊어지고 날라야 했어. 게다가 두 산은 엄청나게 커서 산을 옮기려면 아주 멀리 동쪽 바닷가까지 가야만 했지. 파낸 흙을 동쪽 바다까지 한 번 옮기는 데 무려 반년이 넘게 걸렸단다. 우공의 행동을 본 사람들은 어이가 없어서 뒤로 나자빠졌어. 우공과 친하게 지내던 친구들도 크게 비웃을 뿐이었지.

"아니, 우공 이 사람아. 이 큰 산을 고작 삽이랑 지게로 옮기겠다니, 이게 말이 된다고 생각하나? 바보 같은 짓 좀 당장 그만두게!"

하지만 우공은 사람들 손가락질에도 아랑곳하지 않았어.

"다들 늙은 내가 이 산을 옮기는 게 불가능하다고 생각하겠지. 하지만 나는 산을 옮길 수 있을지 없을지 고민만 하는 것보다는 그 시간에 한 번이라도 더 흙을 파내는 것이 낫다고 생각하네. 내가 이 산을 다 옮기지 못하고 죽더라도 자식들이 내 뒤를 이어 산을 옮길 거야. 내 자식들에겐 또 자식이 있고, 그 아이가 자라면 또 자식을 낳을 것 아닌가. 자손은 끊임없이 이어질 테고, 그러면 저 높은 산도 언젠가는 평평해지겠지."

그러고는 다시 묵묵히 삽으로 흙을 떠서 지게에 담고 먼 길을 떠나는 게 아니겠니. 한편, 우공의 행동을 본 태형과 왕옥의 산신령은 깜짝 놀랐단다. 우공의 고집스런 행동이 그저 바보짓으로만 보이지 않았거든. 정말로 산이 옮겨질까 봐 겁이 났지. 그래서 산신령은 옥황상제를 찾아가 우공의 일을 알렸어. 산신령 이야기를 들은 옥황상제가 세상을 내려다보니 정말로 한 늙은이가 지게에 흙을 지고 비틀비틀 길을 가는 게 보였어.

'인간들은 무슨 일을 할 때 그저 말만 앞세우고 우왕좌왕하다가 마는데, 우공은 말보다는 행동이 앞서는 보기 드문 사람이로구나.'

우공에게 감동한 옥황상제는 두 산을 다른 곳으로 옮겨 주었어. 결국 우공은 햇볕이 잘 드는 집에 살면서 쭉 뻗은 길을 걸어 이웃 마을에 다닐 수 있게 되었단다.

어때, 이야기 재미있니? 아마 이 이야기를 듣고 고개를 갸우뚱하는 친구들이 많을 거야. '옥황상제가 도와줬기 망정이지 그게 아니었으면 절대로 산을 옮기지 못했을 거야.', '차라리 집을 이사하는 게 낫지 않았을까?' 하고 말이야. 하지만 한 가지 분명한 것은, 우공이 산을 옮기는 게 가능할까 고민만 하고 있었다면 산은 절대 옮겨지지 않았을 것이라는 사실이야.

우리는 하루에도 몇 번씩 우공 이야기와 비슷한 일을 겪곤 해. 한 가지 예를 들어 볼까? 너는 방학이 시작되면 이것저것 계획을 세우지? 하지만 이걸 할까 저걸 할까 계획만 세우다가 어느새 방학이 다 끝나 버린 적이 있을 거야. 알찬 계획을 세우는 것도 중요하지만, 더 중요한 건 단 하나라도 직접 실천에 옮기는 거란다. 머릿속에 아무리 근사한 생각을 가지고 있더라도 그걸 나타내 보이지 못하면 아무런 의미가 없지.

생각하는 능력을 더욱 빛나게 하는 힘은 바로 실천에서 나와. 직접 행동을 해 봐야 자기가 품은 생각에 어떤 문제가 있는지 알 수 있고, 이를 바꿔 나갈 수 있어. 실천이 없다면 자신이 마주한 최초의 장애물 앞에서 그대로 멈춰 서 있겠지.

생각은 행동에서 나오고, 또 생각은 실천으로 완성되는 거야. 네 손과 발과 몸이 네 생각의 힘을 키우는 바탕이라는 사실을 꼭 기억했으면 좋겠구나.

뒷마당

내 방식대로
생각 키우기

　나는 앞에서 생각이란 무엇인지, 인류가 생각을 어떻게 키워 왔는지, 자기 생각을 자라게 하려면 어떤 노력이 필요한지 이야기했어. 무슨 일이건 호기심을 가지고 묻고 꼼꼼히 관찰해 가면 네 생각이 무럭무럭 자라는 걸 느낄 수 있을 거야.

　한 가지 덧붙이자면, 생각은 쓰면 쓸수록 커진다는 거야. 인간의 뇌는 마르지 않는 샘물과 같아서 평생을 퍼내도 마르는 법이 없어. 오히려 반대로 그 샘물을 길어 올리지 않아서 물길이 막혀 버리는 경우가 있기는 하지만 말이야. 생각은 살아 있는 생명체와 같아서 부지런히 갈고 닦지 않으면 생각에 기름 덩어리가 덕지덕지 끼게 된단다. 사람들은 노력도 하지 않으면서 자기는 원래 머리가 안 좋다느니 말하곤 해. 또 아무리 노력해도 타고난 천재를 이길 수 없다며 지레 주저앉곤 하지. 역사 속에서 이런 사례를 찾기는 어렵지 않아.

　18세기 중엽, 오스트리아는 물론이고 이웃 유럽 국가들까지 발칵 뒤집힌 사건이 생겼어. 모차르트라는 음악 신동이 태어난 거야. 모차르트는 채 걸음마도 떼지 못했을 때 피아노와 바이올린을 연주하고, 다섯 살 때 이미 작곡을 하기 시작했어. 또 여섯 살 때부터는 여러 나라를 돌아다니면서 왕과 귀족이 지켜보는 앞에서 연주를 했단다.

그런데 당시 오스트리아에는 궁중 음악을 작곡하고 지휘하는 살리에르라는 음악가가 있었어. 궁중 음악을 총지휘했으니 한 나라에서 음악을 가장 잘한다는 사람이었지. 그런데 살리에르는 꼬마 모차르트가 연주하는 음악을 듣고 눈앞이 캄캄해졌어. 자기가 가장 뛰어난 음악가라고 생각했는데, 모차르트 음악을 듣는 순간 그 자부심이 산산조각 나 버린 거야.

살리에르는 머리를 쥐어뜯으며 좌절했어. 그러고는 그때부터 모차르트를 따라잡기 위해 더욱 노력했지. 하지만 소용없었어. 밤새 책상 앞에 앉아서 곡을 만든 다음 견줄 만하겠다 싶으면, 모차르트는 어느새 저만치 앞서 가 있는 거야. 살리에르는 평생 모차르트를 질투했고, 모차르트에게 천재적 재능을 내려 준 하늘을 원망했어.

모차르트는 정말 보통 사람이 도저히 따라갈 수 없는 천재였을까? 음악적 재능이 넘쳐 났던 건 분명한 것 같아. 하지만 모차르트는 여기에 머무르지 않고 모든 일상을 음악에 대한 생각으로 채웠어. 보고 듣고 만지고 걷고 이야기하면서 그 모든 걸 음악으로 바꿔 나갔지. 살리에르가 보기에는 빈둥거리고 노는 것처럼 보였지만, 모차르트는 생각의 힘을 키우는 방법을 달리했던 것뿐이야.

그렇다고 해서 누구도 살리에르를 보고 바보라고 손가락질할 수는 없어. 그는 일반적인 방법으로 생각의 힘을 키운 사람들 가운데 가장 열심히 노력했으니 말이야. 살리에르만큼 훌륭한 성과를 내기란 정말 쉽지 않지. 나는 네가 모차르트나 살리에르 둘 가운데 누구를 닮고 싶어 해도 좋다고 생각해. 여기서 중요한 건, 모차르트도 살리에르도 자기만의 방식으로 쉼 없이 생각의 힘을 키워 냈다는 거야. 평생토록 생각의 힘을 키워 가는 삶, 참 멋지지 않니?

책 속의 책

나의 작은 생각 사전

창조성을 깨우는 일곱 가지 생각 도구

우리 안에는 이미 모든 생각 도구들이 갖춰져 있단다.
하지만 세상의 모든 도구들이 그러하듯,
생각 도구 또한 그것을 쉼 없이 쓰고
갈고 닦는 사람만이 잘 사용할 수가 있어.
여기 작은 생각 사전은 그 도구들이 네 일상에서
어떤 모습으로 자리하고 있는지
구체적으로 생각해 보는 장이 될 거야.
이제부터 생각은 네 몫이란다!

호기심이란?

> 새롭고 신기한 것을 보았을 때 알고 싶어 하는 마음.

> 잘 모르는 것에 대해서는 주저하지 않고 질문하는 것.

> 늘 봐 오던 것들에 대해 '왜 그럴지?' 하고 생각해 보는 것.

호기심이란, 새로 나온 아이스크림 광고를 보면서 어떤 맛일까 궁금해 하는 것.

호기심이란, 길을 걸어가다가 '왜 모든 건물은 네모나게 생겼을까?' 하고 생각해 보는 것.

호기심이란, 수업을 듣다가 선생님이 "알겠지요?" 하고 물었을 때, 친구들이 모두 "네!"라고 대답해도 내가 잘 모르겠으면 "선생님, 다시 한 번 설명해 주세요."라고 하는 것.

내가 생각하는 호기심이란?

관찰이란?

어떤 것을 마음에 두고 끈기 있게 자세히 살펴보는 것.

모양, 냄새, 촉감, 소리, 맛 등 다섯 가지 감각을 모두 사용해 살펴보는 것.

어떤 사물을 반복해서 보거나, 비슷한 것과 견주어 보며 그 특징들을 정리하는 것.

관찰하기 전에 가졌던 생각들을 모두 버리고 어린아이의 눈으로, 있는 그대로를 살펴보는 것.

관찰이란, 나비 애벌레가 허물벗기 하는 과정을 처음부터 끝까지 가만히 지켜보는 것.

관찰이란, 동물원에 가서 다람쥐와 청설모가 어떻게 다른지 생김새나 성격, 식성 등을 요모조모 비교해 가며 살펴보는 것.

관찰이란, 내가 좋아하는 김치찌개는 어떤 재료로 어떻게 요리하는지, 또 어떤 냄새와 맛이 나는지 살펴보는 것.

관찰이란, 왕따라고 소문난 친구를 만났을 때 여태껏 들어 온 이야기들을 잊고 새로운 친구를 만나는 기분으로 설레어 하는 것.

내가 생각하는 관찰이란?

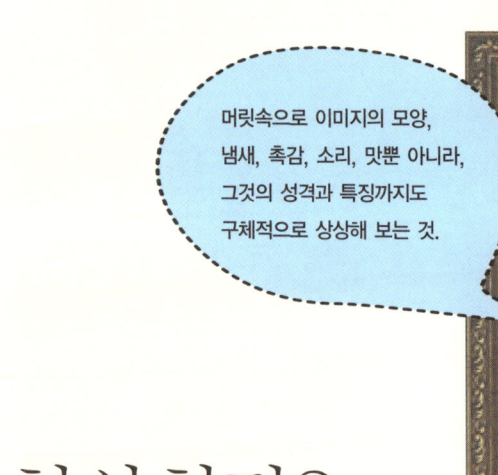

형상화란?

머릿속으로 이미지의 모양, 냄새, 촉감, 소리, 맛뿐 아니라, 그것의 성격과 특징까지도 구체적으로 상상해 보는 것.

머릿속으로 어떤 모습일지 그려 보는 것.

글을 쓰거나, 그림을 그리거나, 노래를 부르기 전에 머릿속으로 미리 그것들을 해 보는 것.

형상화란, '행복'이라는 단어를 들었을 때,
맑고 따스한 봄날 아빠와 엄마의 손을 잡고 깔깔 웃으며
나들이 가는 아이의 모습을 떠올리는 것.

형상화란, 글쓰기 숙제로 '장래 희망'이라는 주제를 받았을 때,
우주 어느 별에서 위성 카메라를 바라보며 생중계 하는 장면을 머릿속으로 그려 보는 것.

형상화란, 밀레의 〈만종〉 그림을 보며 아련한 종소리와 들판의 시원한 바람,
고즈넉하고 넉넉한 마음을 떠올려 보는 것.

내가 생각하는 형상화란?

_____

_____

_____

어떤 사실을 알아내기 위해 관찰한 사실들을 모으고, 그 단서들을 연결하여 결론을 미루어 생각해 보는 것.

추리란?

추리란, 책을 읽으면서 다음 장면은 무엇일까 상상해 보는 것.

추리란, 눈을 감은 채 발소리만 듣고도 누군지 알아맞히는 것.

추리란, 현관을 나서다가 먹구름 낀 하늘과 축축한 바람을 보고 다시 집으로 들어가 우산을 챙겨 나오는 것.

이미 알고 있는 사실을 바탕으로 아직 밝혀지지 않은 사실을 알아내는 것.

내가 생각하는 추리란?

고정관념 벗어나기란?

이제껏 해 오던 것과 다르게 생각하고 다르게 행동해 보는 것.

머릿속에 이미 굳게 자리 잡아 쉽게 바뀌지 않는 생각에서 벗어나는 것.

고정관념 벗어나기란,
엄마에게 텔레비전 리모컨을 쥐어 주고
아빠랑 사이좋게 앞치마를 두르고
저녁을 준비하는 것.

고정관념 벗어나기란,
찰흙으로 공을 만들 때,
동그란 공 대신 세모나거나
네모난 공을 만들어서 놀아 보는 것.

다른 사람들 말을 그대로 믿는 습관을 버리고 내 멋대로 생각해 보는 것.

고정관념 벗어나기란, 아빠는 이 씨이고, 엄마는 김 씨인데 왜 나는 아빠의 성만 따른 '이 씨'인지 물어보는 것.

고정관념 벗어나기란, 일기를 쓸 때 늘 해 오던 것과는 달리 오른쪽에서 왼쪽으로 글씨를 써 보는 것.

잘 변하지 않는 생각, 늘 해 오던 행동 들에 '과연 그것이 맞을까?' 라는 질문을 던져 보는 것.

내가 생각하는 고정관념 벗어나기란?

어떤 모양이나 물건, 기호가 왜, 어떻게 생겨났는지 알아보는 것.

어떤 사물이나 단어에서 떠오르는 특징들을 나열해 보고 공통점을 가진 것들을 짝으로 연결해 보는 것.

사람들이 즐겨 쓰는 상징이나 기호를 찾아보고, 그것이 품은 의미를 곰곰이 생각해 보는 것.

숨은 뜻 찾기란?

숨은 뜻 찾기란, 사람들은 왜 비둘기를 평화의 상징으로 삼았는지 알아보는 것.

숨은 뜻 찾기란, 화장실 앞에서 ♂과 우 표시를 보고
♂는 왜 남성을, 우는 왜 여성을 상징하게 되었는지 알아보는 것.

숨은 뜻 찾기란, 친한 친구들의 각기 다른 성격들을 떠올려 보고
가장 어울리는 동물의 이름을 붙여 별명을 지어 보는 것.

내가 생각하는 숨은 뜻 찾기란?

> 어떤 것을 이루기 위해 계획을 가지고 움직이는 것.

실천이란?

> 생각한 것들을 행동으로 옮기는 것.

실천이란, 마음속으로만 좋아하는 친구에게 다가가 친하게 지내고 싶다고 용기 있게 말하는 것.

실천이란, 방학 때 계획한 일을 미루지 않고 하나하나 이뤄 내는 것.

실천이란, 용돈을 아껴 모아서 내가 필요한 물건을 직접 사는 것.

내가 생각하는 실천이란?

_____

_____

_____

▶▶▶ **사진을 제공해 주신 곳**

국립중앙박물관 [중박 200809-347]
김홍도 풍속화 중 활쏘기, 서당

호암미술관
송하맹호도

연합뉴스

중앙일보

나의 꿈, 나의 생각에 날개를 달아 주는
이어령의 춤추는 생각 학교 시리즈를 소개합니다.

**대한민국 국보급 지성
이어령이 쓴
어린이를 위한
창의력 교과서**

이 시리즈는 지난 50여 년 간 '이 시대 최고의 지성인'이라 불리며 150여 권의 저서를 남긴 이어령 선생님이 쓴 유일한 어린이 책입니다. 이어령 선생님은 빠르게 변하는 정보화 사회에서 어린이들에게 가장 필요한 것은 '가슴으로 생각하고, 머리로 느끼는 유연하고 창조적인 사고'라고 이야기합니다. 이 책에서는 창의적인 생각을 키우는 이어령 선생님만의 특별한 생각 연습법들을 어린이 눈높이에 맞춰 풀었습니다.

**개념 정리에서
응용 방법까지……
생각의 모든 것을 담았다!**

이 시리즈는 우리 어린이들이 일상생활에서 쉽게 생각의 힘을 키워 나갈 수 있도록 그 방법들을 체계적으로 구성하였습니다. 일곱 가지 생각 도구들을 이야기하는 1권 《생각 깨우기》와 여덟 가지 생각 원칙을 이야기한 2권 《생각을 달리자》를 비롯해, 우리말로 생각하기, 한국인으로 생각하기, 발명·발견으로 생각하기, 환경 보고 생각하기 등 전 10권으로 되어 있습니다. 학교와 집에서 보고 배우는 모든 것들에서 생각을 발견하고, 키우고, 응용하고, 새로운 생각으로 발전시킬 수 있는 방법들을 담았습니다.

**생각 학교에서 놀다 보면
창의적인 생각이 자란다!
생각이 즐거워진다!**

이 시리즈는 쉽고 재미있는 이야기로 쓰여 있습니다. 흥미진진하게 전개되는 맛깔난 이야기들을 따라가다 보면 '아, 생각은 이렇게 하는 거구나!' 하고 저절로 깨닫게 됩니다. 또한 각 이야기마다 지식 하나에서 여러 가지 의미를 발견하고, 이를 섞고 버무리며 다양한 관점에서 생각해 볼 수 있게 하고 있어, 책을 읽다 보면 생각이 꼬리에 꼬리를 물고 뻗어 나가는 놀라운 경험을 할 수 있을 것입니다.

**다양한 분야의 지식과
정보를 넘나드는
통합 교양 상식 백서**

이 시리즈에는 방대한 지식과 교양이 담겨 있습니다. 엉뚱한 호기심, 작은 생각 하나로 세상을 변화시키고 인류의 삶을 풍요롭게 만든 인물들의 이야기, 그리고 동·서양의 문화 속에 녹아 있는 다양한 생각과 정서까지…… 옛이야기와 신화, 그리고 역사, 인물, 예술, 과학 이야기를 넘나들며 다양한 교양과 지식을 맛볼 수 있게 했습니다.

**생각의 힘을 더하는
철학적인 그림!**

이 책의 그림들은 책 내용을 상징적이고 추상적으로 표현해 내며 아이들의 상상력을 자극합니다. 그림 속 숨은 의미들을 생각하며 읽어 나가는 사이 아이들의 사고력은 한 뼘 더 자라날 것입니다.

**내 생각이 근질근질해지는
책 속의 책 '생각 사전'**

부록 '책 속의 책_나의 작은 생각 사전'에는 책의 내용에서 한 발 더 나아가 책 속에서 얻은 지식들을 '내 것'으로 만들 수 있도록, 보다 구체적인 실례들을 담았습니다. 부모님들과 아이들이 함께 만들어 가는 장으로, 이 책을 읽는 어린이들이 아는 것에 그치지 않고 매일매일 생각하는 습관을 만들어 나갈 수 있게 도울 것입니다.